ぼのぼの人生相談

「みんな同じなのでぃす」

いがらしみきお

竹書房

ぼのぼの人生相談

「みんな同じなのでぃす」

挿絵　いがらしみきお
装幀　大野リサ
編集　辻井清
編集協力　クマガイコウキ

ぼのぼの人生相談「みんな同じなのでぃす」　目次

キャラクター紹介

ぼのぼの

主人公のラッコです。のんびり屋です。マイペースです。そんな子に人生相談なんか出来るのでしょうか。

シマリスくん

ぼのぼのの一番の友だちです。オネエ言葉を使いますがオスです。両親の介護をしているので、時々深いことを言います。

アライグマくん

いじめっこだけど人生についてはいろいろな経験をしています。父親とは仲がいいのか悪いのかわかりません。

スナドリネコさん

スナドリネコは謎です。謎なのになんでも知っていてなんにも知らないふりをしています。

アライグマ父

アライグマくんの父です。粗暴にして凶暴、あらゆるものを憎み、そこら中のものに毒づきます。

クズリ親子

父は知識の王者にして卑怯者です。子はそんな父が好きなウンコたれです。

ぼのぼの父

ぼのぼののおとうさんは間を入れた独特の話し方をします。そして生き方も独特です。

シマリス父

枯れています。達観しています。あらゆるものを見切ってしまったようです。それでも生きることをやめません。

なりたち

ぼのぼの人生相談について

ぼのぼの人生相談は、2013年9月から12月までの間に、ぼのぼの公式サイト「ぼのねっと」で募集した相談です。その中からなるべく重ならないように選んだ50の人生相談に、ぼのぼのやシマリスくんなどの森の仲間たちが、1年間かけて精一杯がんばって、お答えしたものが本書です。

匿名である相談者の年齢、職業、また作者の年齢などは、その当時のものです。

Q なりたいものって どうやって見つけるんですか？

21歳　女性　大学生

もうすぐ就活がはじまります。なりたいものは特にありません。趣味はテレビを見たり、音楽を聴いたりすることですが、趣味と仕事は一緒にしてはいけないと思うのです。嫌いになりそうだからです。やりたいこととか、なりたいものってどうやって見つけるのですか？　アドバイスをくだされればありがたいです。よろしくお願いします。

A 趣味とお仕事っていっしょじゃいけないの？

シマリスくん、シューカツってなに？

わからない。お仕事のことじゃないかしら。

お仕事か。趣味とお仕事っていっしょじゃいけないの？

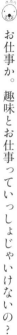

お仕事になると毎日やるからじゃない？

毎日はいやなのかな。

好きなことだったら毎日でもいいわよね。でもやっぱりやりたくない日もあるし。

そうか。

やりたくないこともやらされるかもしれないし。

たとえば？

お仕事だと寒い日とか暑い日もやらなければいけないもの。

それぐらいガマンできるんじゃないかなぁ。

お仕事だと嫌いなひとにもお辞儀しなけりゃいけないし。

ボクだったらするけどなぁ。

ガマンして？

うん。

なんでガマンするの？

なんでって……、ガマンできるから。

ぼのぼのちゃんてスゴイ。ガマンってガマンできるからするんだ。

それにガマンしてないひとっていないんじゃないかなぁ。

ぼのぼのちゃんもガマンしてる？

うん。

なにをガマンしてるの？

え〜と、おいしいものを食べたいけどガマンしてる。

ほんとに今おいしいものを食べたいの？

食べたい！　食べたいけどガマンしてるんだよ。

どれくらい食べたいの？

すごくだよ！　すごく食べたいんだよ‼

食べに行けばいいのに。

ううん、きっとそのうち食べられるからガマンしてるんだよ。

あっ、そうかぁ。え〜と、なんだっけ。このひとの趣味はテレビを見たり、音楽を聴いたりすることよね。

テレビってなに？

きっと楽しいものよ。

どんな？

きれいな景色が見れるとか。

へえ〜。

いい香りがするとか。

へえ〜。

どこにでも行けるとか。

ええ〜っ。

会いたいひとに会えるとか。食べたいものが食べられるとか。

テレビっていいねぇ!!

でもきっと音は聞こえないのよ。

なんで？

だってテレビと音楽を別に書いてるもの。

あ、ほんとだ。テレビって見るだけなんだ。

うん、わかんないけど。

でもこのひとは趣味があるんだよね。

そう。テレビ見たり、音楽を聴いたりする。

じゃあいいんじゃないの？

そうそう、なりたいものとか、やりたいこととかいらない。

うん、ボクもなりたいものとかないよ。

シマリスもない。

なりたいものがあるひとはどうすればなれるのか悩むのかもしれないけど、なりたい

ものがないのに悩むことはないんじゃないかなぁ。

そうよねぇ。なりたいものがあるひとの方がエライわけじゃないし。

なりたいものがあるひとの方がカッコいいのかなぁ。

じゃあシマリスたちはカッコよくない？

カッコよくないって言われても。

ほんとよね。誰もそんなこと言ってないけど。

うんうん、誰もそんなこと言ってないんだよ。だからいいんじゃない、なりたいものなくても。

そうそう。

それよりボク、テレビ見てみたい。

シマリスも。

Q 人生をサボりたくなります

いつも眠い
26歳　男性　無職

一度、仕事や人間関係が成功すると退屈みたいな考えが生まれて人生をサボりたくなります。

どうしたら良いでしょうか？

A そんなに一生懸命やれって言われるのかしら

こういうのはボクもあるよ。

あるある。みんなあるわよ。シマリスはね、おじさんのところにおつかいに行ったあとなんかなにもする気がなくなる。

そうそう。ボクもね、おとうさんとどこかへ出かけて帰って来るとすぐ横になってしまう。

安心するんだよね。

うんうん、そんな時ぐらいサボってもいいんじゃないかな。でもおとうさんは帰って来てからもすぐごはんをとりに行ったりするけど。

それはオトナだから？

子どもはサボってもいいのかな。

オトナもサボるわよ。ウチのおねいちゃんなんか子ども連れて散歩して、家に帰るとドテッとしてなにもしないもの。

そういえばスナドリネコさんも台風で流木が川を塞いだ時、その木を片づけたあとは5日ぐらい寝てたよ。

そりは寝すぎでぃっす。でもみんなそんなもんじゃない？

うん。

そんなに一生懸命やれって言われるのかしら。

誰に？

う～ん。

親とか友だちに？

きっと自分によ。

あっ、そうか。じゃあこのひとはやっぱりマジメなんだねぇ。

そうそう。ひとに言われるとムカっとしちゃうけど、自分に言われると気になるよね。なんだか悪いことしてるみたいになる。

うん。なんでだろう。

みんな他人より自分の言うことを聞くのよ。

それはなんだかすごくわかるなぁ。ビーバーのボーズくんていたよね。

あぁ、ボーズちゃん。

ボーズくんてすぐ泣くじゃない。

うんうん。

ボーズくんが少し大きくなった時、知らない子たちにいじめられてて、それまではすぐ泣いてしまってたけど、その時は「泣いちゃいけない」って声がしたんだって。その「泣いちゃいけない」って言ってるのは誰だろうと思ったけど、それも別な自分だよね。だけどなんだか自分を励ましてくれる友だちができたみたいに感じたんだよ。でもまたいじめられると、そのもうひとりの自分が「泣いちゃいけない」って言ってるのに、やっぱり泣いてしまうんで、それがくやしくてもっと泣いてしまうって言ってた。

もうひとりの自分が言ってることを守れなくて。

うん。

それってすごく悲しいわよね。

うん。悲しい……。

もうひとりの自分て、きっと誰よりも自分のことを思ってくれているのに。

うんうん、誰よりもボクのことを考えてくれてる。

このひともきっと同じなんだよ。「サボるな」って自分が言ってくれてるんだよ。だから「サボっちゃいけないんじゃないか」って思うんじゃない。

じゃあどうすればいいのかなぁ。

サボらないでちゃんとしてたら、もうひとりの自分がホメてくれるわよ。

サボったら？

それでもわかってくれると思う。

サボってもわかってくれるんだ。

でもいつもサボってたらわからない。

どうなるの？

もうひとりの自分がいなくなるかも。

もうひとりの自分がいなくなる時ってあるの？

あると思う。もうひとりの自分の言うことをぜんぜん聞かなくなった時。あとは自分のことなんか考えてる余裕さえなくなった時。自分のことなんかもう知らないみたいになった時ね。それってほんとにひとりになっちゃう時ねぇ。

そんなのいやだなぁ。なんだかまた悲しくなってきた……。

うん、シマリスも……。

Q 暇な時にひとりで出来る趣味は？

22歳　男性　学生

暇な時にひとりで出来る趣味がなかなか見つかりません。なにかアドバイスお願いします！

A 趣味なんて探してやるもんじゃないだろ

暇な時にひとりでできる趣味ってたくさんあるんじゃないの？

そうよね。忙しい時にみんなでやれる趣味だったらあんまりないと思うけど。

あははは。忙しい時にみんなでやれる趣味ってどんなのかなぁ。

考えればあると思うわよ。みんなで100メートル競走するとか。

何人ぐらいで？

みんなだから１００人ぐらい。

えっ、１００人いっしょに走るの？

そうそう、よーいドンでみんな走る。

みんな忙しいんだから50メートルがいいよ。

じゃあ30メートル１００人競走。終わったらすぐ帰るの。

でもそれは趣味じゃなくて運動なんじゃない？

あ、そうか。あははは。

１００人でいっしょになんか植えたりするのもいいんじゃないかなぁ。

１００人いっしょにタネをまくとか。

誰のが一番早く芽が出たとか。

見に来る時も１００人いっしょに来てすぐ帰るの。忙しいから。あははは。

楽しそうだねぇ。

楽しいかなぁ。

だってみんな集まる時が楽しそうだよ。

うん、そうかもね。

あ、趣味のことだったらアライグマくんだよね。

アライグマちゃんはいろんな趣味があるから。

行ってみようか。

(アライグマのところ)

あ？　暇な時にひとりでできる趣味はないか？

うん。なにかあるかなぁ。

あのな、趣味なんて探してやるもんじゃないだろ。いつのまにかハマってるもんさ。好きでもないのにやってどうすんだよ。

あ、そうだよねぇ。趣味って好きだからやるんだよね。

当たり前だろ。好きでもないのにやったらただの習い事だよ。

習い事って？

習うんだよ、なにかを。

ボクやったことない。

オレは習ったことあるぞ。ヒモの結び方。

誰に習ったの？

オヤジに。

へぇ〜。

ヒモの結び方っていろいろあるんだぞ。おまえら知ってるのはこんなイボ結びだろ。

うんうん。

シマリスはリボン結びもできる。

これだろ。

うん。

こういうのはどうだ。かぼちゃ結び。

あ、結び目がフサフサでかぼちゃみたいになってる。

すごいねぇ。

これはどうだ。ぐじゃぐじゃ結び。

えっ、ただのぐじゃぐじゃにしか見えないけど。

これも結び方があるの？

当たり前だよ。ぐじゃぐじゃだから簡単にはほどけないんだぞ。

へぇ〜。

取っ手結びもあるぞ。ほら、これ持つところが出来るだろ。この持つところを肩にかけると、ほら、背負えるんだよ。荷物なんかある時はこの結び方だよ。

いろんな結び方があるんだ。すごいねぇ。

そうだ、このヒモ結びを趣味にするといいわよ。

あ、そうだね。暇な時にひとりでできるよね。

暇な時にひとりでヒモ結びなんかやってるヤツがいるか!!

やるかどうかはこのひと次第よ。

やらねっつぅの!!

でも趣味を探すんなら習い事からはじめるのもいいわよね。

いや、探すぐらいだったら趣味なんかなくてもいいんだよ。

なにか好きなことがあればそれが趣味なんじゃないかな。

好きなことがない場合は？

おいしいものでも食べたら？

またぼのぼのちゃんの「おいしいもの」が出た。

じゃぁ暇な時にひとりでできるおすすめの趣味をみんなで言ってみようよ。ボクは散歩。

シマリスも散歩。

散歩。

Q いい人を演じてしまいます

28歳　女性　保育士

人が自分をどう思っているのかが気になり、いい人を演じてしまいます。頑張り屋さん、真面目と言われると、そうでなくてはいけない気がして、本当の自分がわからなくなります。正直、仕事以外で他人と関わるのが面倒です。どうしたらいいのでしょう？

A みんないつも少し無理して誰かとつき合ってるのよ

いいひとを演じてしまうって言ってるよ。

大丈夫よ。みんないいひとを演じてるんだから。

「演じる」って？

ほんとはそうじゃないのにそういうフリをしちゃうっていうか。

ウソをついてる？

ウソをついてると思うから困ってるのね、このひと。でもそういうのってウソじゃないと思う。誰かを誉めてあげてる時、少しウソついてるみたいな気持ちになるのと同じよ。

え？　無理して誉めてるの？

少し無理しないと誉められないもの。

そうかなぁ。

じゃぁぼのぼのちゃん、シマリスを誉めてみて。

え～と、え～と、シマリスくんはエライよ。

ほら、無理してる。

でも今のはいきなり言われたから……。

じゃぁもう一回誉めてみて。

え～と、シマリスくんはひとりで暮らしてるからエライよ。

う～ん。

あっ、あとおとうさんとおかあさんの面倒も見ていてエライよ。

ほら、やっぱり少し無理してる。

そうかなぁ。

誉める時だけじゃなくて、みんないつも少し無理して誰かとつき合ってるのよ。

無理してないひとっていない？

いないと思う。

アライグマくんは？

（アライグマくんのところ）

うるせぇな、おまえら。なにしに来たんだよ。

このひとが困ってるんだよ。

なに？「人が自分をどう思っているのかが気になり、いい人を演じてしまいますー」

それでシマリスくんは「みんないつも少し無理してるんだ」って言うんだけど……。

だからってなんでオレんところに来るんだよ。

アライグマくんも少し無理してる？

当たり前だろ。無理してなかったらとっくにおまえらをぶん殴ってるよ。こんな風に話してるのだって無理して話してるんだぞ。

ほら、アライグマちゃんだって無理してるのよ。

でもな、ここに「本当の自分がわからなくなります」って書いてるだろ。そりゃちがうな。ほんとの自分がわかんないヤツなんていないよ。

じゃぁほんとのアライグマちゃんはどんなの？

ほんとのオレはいつもビクビクしてるし、クヨクヨ考えてばっかりいるよ。

えっ!!

えええっっ!!

なにそんなに驚いてんだよぉ!!

だってそんなアライグマくん見たことない。

そんなの見せられるか。だからオレは乱暴なヤツを演じてるのさ。

えっ、ほんとに乱暴なんだと思うけど。

うっせえな、おまえ!!　だからさ、ほんとの自分を見せられるんなら、そうすればいいだろう。でも誰もほんとの自分なんか見せられないんだよ。怖くて。

そうか、ほんとのボクってノロマで弱虫だからね。あんまりみんなに見せられないよね。

おまえはそのまんま見せてるだろ！　おまえがノロマで弱虫だなんてみんな知ってるぞ！

あはははは。

なに笑ってんだよ!!

じゃぁどうすればいいのかしら。

今のままでいいんだよ。ほんとの自分見せたくないんなら。第一ほんとの自分ってそんなに価値あるか？　ないだろ？

確かに「頑張り屋さん」とか「真面目」って思われてる方が、「乱暴なヤツ」と思われてるよりはいいかも。

いちいちムカつくな、おまえって!!　じゃぁ、おまえのほんとの自分を言ってやろうか？　シマリス、おまえはな、弱い者いじめで、ひがみ屋で、いつまでも根に持つヤツだよ。

まぁっったくそのとおりでぃっっっす!!

ん？　認めるのか？

認めまぁっす。

なんで？

だってその方が楽だからでぃっす。

うんうん、ほんとのおまえを知ってるヤツといると気が楽だろ。

もう全部バレてるんで晴れ晴れとしまっす。

そうか。全部バレてるのが友だちなんだね。

でも全部バレてるんで腹立つのが家族だぜ。あっ、オヤジ。

ん？　なんだおまえら。家の前でウロウロしやがって。どけ、邪魔だよ。家に入れねえだろ。

オヤジ。オヤジもなんか無理してる？

なにが無理してるって？

これ読んで。

なんだ、こりゃ？「いい人を演じてる」？　オレがいいひとを演じてると思うか？

いや……、演じてない。演じてないよね、うん……。

オレはなぁ、いいひとを演じるヤツも嫌いだが、ひとを頑張り屋さんだの真面目だの言うヤツはもっと嫌いなんだよ。だけどぉ、なにが一番嫌いかっていうとなぁ、他人と関わるのが大好きだとか言うヤツだあぁぁぁぁ!!

（バゴ～ン）

いててて。なんでオレを殴るんだよぉ!!

おめえが一番近くにいたからだよ。

無茶苦茶だろぉ!!

じゃぁこのひとはこのままでもいいのかなぁ。

このままでいいと思うんなら、このままでいいよ。このままじゃいやなんだったら自分ムキ出しでいけよ。

そんなことできるわけないだろ。

自分ムキ出しはいいぞ。オレを嫌いなヤツとかとはもう会わなくてもよくなるからな。

だからそんなことできるのはオヤジだけだって。

いや、他にもいるぞ。

え？　誰だよ。

おめえのかあちゃんだよ。

あっ……。

あいつがそうだよ。いい妻とかいい母親とか、そんな風に生きるのをやめちゃったんだよ。

アライグマくんのおかあさんて旅に出てるんだよね。

オレに言わせりゃ家出だけどな。

オヤジはかあちゃんをどう思ってるんだよ。

しかたねえだろ。

しかたない……。

しかたねえさ。だからよ、自分ムキ出しで生きてみてえんならやればいいだろ。案外、みんな「しかたねえな」とか思うだけかもしれねえぞ。

そうかもしれないけど、ふつうはそんな生き方やりたくてもやれないよ。

じゃぁ今までどおりみんながどう思ってるのか気にしながら生きていけばいいさ。どっちだって選べるんだぜ。そしてどっちを選んだって別に正しいなんてことはねぇんだよ。

えっ、自分らしく生きるのって別に正しくないの？

誰だよ、自分らしく生きるのが正しいなんて言ったヤツは。

じゃぁシマリスは今のままでいい。

今のままって？

少しウソついて生きてるみたいな感じ。

じゃぁほんとの自分を隠して生きていってもいいんだね。

だって隠したり隠さなかったりだと思う。

そうさ、いつでもどこでも隠してるわけじゃねぇんだ。

ひとりになったら自分全開よね。

誰だって必ずひとりになれるしな。

おまえら、一番ホッとする時ってどんな時だよ。

え～と、いつも食ってるものを食ってる時かな。

耳かきしてる時。

ボクはペタンと座った時。

オレはなぁ、さぁ寝るかぁ、と思って目をつむった時さ。

あぁ。
うんうん。
そうか。
あの時間はいいぞ。
いいなぁ。
ほんとね。
うん。

Q

どうすれば自分に自信が持てますか？

13歳　女性　学生

私は将来舞台女優になりたいのですが、自信がありません。どうすれば自分に自信が持てますか？

A

自信があるからやるヤツはズルイよ

シマリスくん、ブタイジョユウってなぁに？

わかんないけど、このひとはなにかになりたいのよ。

自信がないって言ってるよね。

どうすれば自信が持てるかって書いてある。

ボクも自信とかないけど、舞台女優って自信がないとなれないのかな。

あなたはどれくらい自信がありますかって聞かれるのかもしれない。

じゃぁ「あります」って言えばいいんじゃないの。

「ほんとですか?」って聞かれたら?

う〜ん、このひとはウソをつけないんだね。

相談して来るひとってみんなマジメよね。

ほんとだね。

きっとマジメだから悩むのよ。

そうか。

だってアナグマちゃんなんて悩みとかないと思う。

そうかな、アナグマくんだってなにか悩みがあると思うよ。

じゃぁアナグマちゃんのところに行ってみる?

どうすれば自信が持てるのか、アナグマくんにも聞いてみようか。

いや、そういうのはアナグマちゃんにはわからないと思う。

なんで?

たぶん今まで一度もそういうことを考えたことがないから。

えっ、ほんと? だったらアナグマくんてなんだかスゴイよねぇ。ちょっと行ってみようよ。

（アナグマのところ）

アナグマく〜ん。

ん？　なんだ、ぼのぼの。

ちょっとアナグマくんに聞きたいことがあって。

オレ忙しいんだよ。あとでな。

待って待って、アナグマちゃん。自信ってどうすれば持てるのかしら。

なに？　自信？　知らないよ。

アナグマちゃんは自信とかある？

そりゃあるよ。デングリ返りだったらいつでもやれるぞ。見るか？　デングリ返り。

いいでぃす。結構でぃす。

ほら、よく見ろ。こうだよ。

（でんぐりっ）

やらなくていいって言ったではねいでぃすか‼

アナグマくんはでんぐり返りを失敗して自信をなくしたことってないの？

失敗したらもう一回やればいいさ。

また失敗したら？

またやればいいよ。

それでも失敗したら？

またやるんだよ。

それでもそれでも失敗したら？

またやるよ。

やっぱり失敗したら？

やめるよ。

えっ、やめる？

そんなに失敗ばっかりしてたらやめるよ。

はぁ〜、なるほど。ぼのぼのちゃん、失敗したらやめればいいんだから、やってみればいいのよ。

自信はいらないのかなぁ。

自信があっても失敗する時はすると思う。

あ、そうか。じゃぁやってみればいいよね。

うん、失敗したらやめればいいんだもの。

でも失敗したらもっと自信をなくしちゃうかもしれないよ。

でもうまくいったら自信が持てるようになるのよ。

そうだね。

なにかやるのと自信って、ニワトリとタマゴの関係と同じよ。どっちが先なのかわからないもの。

なにかやるのが先だよ。

え？

そうか。なにかやってそれがうまくいくと自信が持てるようになるんだから、やっぱりなにかやる方が先だよね。

ちがうよ。やればいいんだよ。

やればいい？

やりたいんだったらやればいいだろ。

それはそうだけど……。

そいつ、やりたいのか？　やりたくないのか？

そりゃぁやりたいのよ。舞台女優を。

ほんとか？　あんまりやりたくないんじゃないのか？

そんなことないわよ。やりたいんだと思う。

ほんとはやりたくないんだろ？

やりたいってここに書いてあるのに!!

じゃぁやりたい気持ちが足りないんだよ。

足りないって……。

足りないのかな……。

そうだよ。やりたい気持ちがもっとたまったらやれよ。

自信とかじゃなくて？

自信は関係ないの？

自信があるからやるヤツはズルイよ。

えっ、自信があるからやるのってズルイの？

ズルイだろ。

別にズルくないんじゃない？

じゃぁズルくないよ。

なんですぐ自分の意見変えるの!!

やっぱりやりたい気持ちなんじゃないかなぁ。

やりたいと思ってやるから楽しいんだろ。

うん、そうだよね。

自信あるからやったって楽しくないだろ。

うんうん。

自信あるからやるヤツってやってみせたいだけだろ。
あ、そうかもね。
ほんとだね。
やっぱりやりたいんならやればいいのよ。
それで失敗したら？
やめればいいんだよ。
うんうん。うまくいったら自信が持てるようになるし。
そうだね。
なんかものすごく単純なこと言ってるような気がするけど。
それでいいんじゃないかなぁ。そうそう、アナグマくんて悩みとかあるの？
あるよ。
どんな悩み？
最近耳の穴が臭いんだよ。
よく洗えばいいのよ!!
洗っても臭かったら？
もっとよく洗うの!!
それでも臭かったら？

もっと洗う!!

それでもそれでも臭かったら？

やめる。

臭いままでいいの？

だってしょうがないじゃない。

そうだよね、しょうがないよね。

みんな、どうしてなんとかすることばっかり考えてるんだろ。

でも、なんとかしないと「しょうがない」ってどんどんたまっちゃうんじゃない？

シマリスは「しょうがない」のがすごくたまってるわよ。

どうするの？　その「しょうがない」のは。

生きてるとたまるのよ、「しょうがない」のって。

そうか。「しょうがない」のって生きてるとどんどんたまるのか。あっ、アナグマくんがいない!!

まったくアナグマちゃんだけはわかんないわよね。

しょうがないねぇ。

Q 誰かと会ってもひとりの時よりさびしい気持ちになるのはなんで？

しゅりんくっ
26歳 女性 編集

いつもさびしいって思ってるけど、誰かと会っても、ひとりの時よりさびしい気持ちになるのはなんで？

A さびしいのなんて当たり前だろ

このひと、いつもさびしいって言ってる。

ご飯食べてる時も？

ひとりで食べてるとさびしいって思う時はあるよね。

ぼのぼのちゃんはそういう時どうする？

どうもしないかなぁ。

どうもしない?

うん、「ボクさびしいのかな」って思うけど。

思うけどなにもしない。

だってそんなにさびしくないもの。

そうよね。そういうダラダラしたさびしいのっていつもあるよね。

あるある。ボクはね、空とか海を見てる時にダラッとさびしくなる。

ダラッと?

ん?「ダランと」かな。

ダランとさびしい!! あははははは。

でもそういう時だよね、誰かのところに遊びに行くのって。

そうそう。それで誰かに会いに行く。だからそういう「ダランとしたさびしさ」って必要なのよ。

うんうん、必要だよね。

スナドリネコさんとかはそういうダランとしたさびしさを感じないのかもしれないけど。

あぁ、そうか。それでスナドリネコさんはひとりでも平気なのか。

あっ、ぼのぼのちゃんが「スナドリネコさんのところに行ってみよう」って言いそう。

うん、そうだね。スナドリネコさんのところに行ってみようか。

……。

（スナドリネコのところ）

スナドリネコさ～ん、ボクだよ。ぼのぼのだよ～。

ん？　なにか用か？

相談したいひとがいるんだよ。これ……。

なに？　誰かと会ってもひとりの時よりさびしい気持ちになるのはなぜだ？　それは当たり前さ。ひとりの時にさびしいのはふつうだけど、誰かといっしょにいる時にまでさびしかったらなんだか変だと思うもんさ。

う～ん。

寒いところにいて寒いと感じるのは当たり前だけど、暖かいところにいても寒いと感じたら、それはなんだかふつうじゃないと思うだろ？

うんうん。

でもほんとは、ひとりの時も誰かと会ってる時も、さびしいのは同じぐらいさ。

そうか。同じなのか。

じゃぁ、オレはこれから川に行くんでな。

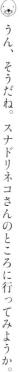

ボクたちもいっしょに行ってもいいい？

ダメだと言ったら？

それでも行くよね。

うん。

……。

（いっしょに歩きはじめる）

川になにしに行くの？

別になにをするってわけじゃないが。

川を見に行くの？

まぁそんなとこだ。

スナドリネコさんは、川を見ている時、なんだかダランとさびしくならない？

ダラン？

ダランというのはたとえだけど。

どんなたとえだよ。

スナドリネコさんはさびしくならないの？

さびしいさ。

そういう時はどうするの？
どうもしないよ。
どうもしないの？
さびしいのなんて当たり前だろ。
当たり前かなぁ。
じゃぁ今はどうだ？　さびしいか？
今は……、さびしくないよ。
そうか。

（川が見えてくる）
どうだ？　さびしくなったか？
なんで？　さびしくないよ。
そうか。
川はいいわねぇ。シマリスは泳げないけど川って大好き。
スナドリネコさんはどうして川が好きなの？
そりゃぁ魚がいるからさ。
あとは？

水が流れてるからかな。いろんなものが流れて来るしな。

そうか。いろんなものが流れて来るのが好きなんだ。

いや、いろんなものが流れて来るのが好きっていうとなんだか変だな。

どうして?

他にもいろんな流れて来るものがあって、そっちも大好きみたいに聞こえるだろ。

あははは。いろんなものが流れて来るものに目がないみたいな。

変かなぁ。

まぁ、いいけど。どうだ、さびしくなったか?

ならないよ。楽しいよ。

シマリスも。

(川のほとりにすわる)

川の音もいいわよね。

うん、ショロショロみたいな音。

サラサラじゃないの?

チヨチヨっていうか。

チャポチャポじゃない?

う〜ん……。あっ、なんか今さびしくなった。

なったか？　うんうん。

え？　どうしてさびしくなったの？

シマリスくんとボクの言ってることがちがうからかなぁ。なんでボクの言うことをわかってくれないんだろう、と思って。

えっ、そんなことでさびしくなったの？　じゃぁいいでぃす。川の音はチヨチヨで。

いや、無理に思わなくてもいいよ。ボクもチャポチャポって聞こえる時もあるし。

……。なんだかシマリスもさびしくなった……。

そうか？　なんで？

だってケンカしてるみたいに思えて。

シマリスくん、ケンカじゃないよ。ちょっとちがうって言っただけだよ。ボクますますさびしくなってきた……。

ほら、すぐさびしくなるだろ。

うん、なる。

こんなことでさびしくなるなんて……。でもいつもこんな時少しさびしくなるわね。

すぐさびしくなるのさ。

みんなそお？

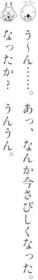

スナドリネコさんも？

なるさ。いろんな時にさびしくなる。ひとりで歩いてる時とか。きれいなものを見た時とか。寝る時とか。病気の時とか。なにか思い出した時とか。家に帰る時とか。いつもさびしいよ。

でもどうもしないの？

しないな。

どうして？

だからさびしいなんて当たり前だからだよ。みんないつもなにか感じてるもんだ。退屈だとか。イライラするとか。なんだかつまんないとか。今日はちょっといい気分とか。さびしいというのもそれと同じだよ。

そうよね。夢中になってる時以外はいつもなにか感じてる気がする。

うん。なにか感じてるってのはいいもんさ。

えっ、さびしいとかでも？

うん。

イライラするのも？

うん。風が吹いてるみたいなもんだ。

あぁ、弱い風とか、強い風とか？

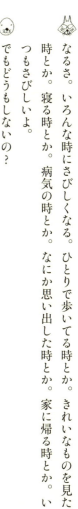

そうか。風っていつも吹いてるよね。

吹いてない時もあるけど。

風がない時ってなんだかつまんなくないか？

うん、つまんないよね。

少しでもいいから風が吹いてる方がいい。匂いだってわからないし。

そう。匂いがしない時ほどつまんない時はない。まるで流れていない川みたいなもんだ。

そうか。川は流れてないとつまんないよね。

流れてるから見ていておもしろいんだ。

じゃぁさびしいのはもういいわよね。

さびしいんだったら川は流れてるってことさ。

うん。

苦しいんだったら川は流れてるってことさ。

うん。

幸せなのは？

幸せなのも川は流れてるってことさ。

Q

心に余裕が出来たら無性にさびしくなる時があります

さゆぼのちゃん
24歳　女性
接客・販売

こんにちは。誰にも相談できなかったことをお話しさせてください。私は4歳の息子をもつ、24歳のシングルマザーです。旦那とは私が妊娠中の頃から別居していて、息子が1歳の時、正式に離婚しました。（原因は旦那の浮気です。）離婚してからは、育児や仕事をただただ頑張ってきたつもりです。家族の支えもあり、息子は本当に素直な優しい子になってくれました。本当にみんなに感謝しています。そして、今の悩みなのですが、最近やっといろんなことが一段落し、心に余裕ができてきたからか、無性にさびしくなる時があるんです。離婚してから一切男性と付き合うことをしてこなかったのですが、それでいいんだと、ずっとそう思っていました。一度離婚もしているし、なにより私はママだからです。でも一度きりの人生、女としてではなく、一生母親として生きていくのでいいのか、とも思い始めています。いざお付き合いできたとして、息子はきっと小さいながらに戸惑いますよね。そしてその男性のご両親も、きっと悲しみます。私も息子をもつひとりの母親だから、気持ちがわかるんです。考えても考えても、答えがわかりません。誰かが悲しくなる結末しか、浮かばないんです。先生、ぼのちゃん、みんな、こんな相談してごめんなさい。答えてくれたら、嬉しいです。

A あぁ、みんな賛成の恋？

なんだか難しいねぇ。

うん、すごく難しい。

ボクたちだけじゃわかんないから誰かに聞きに行く？

まぁ、待って待って。いつも誰かに聞きに行ってたら、自分たちで考えなくなっちゃうわよ。ちょっとふたりで考えてみましょう。

シマリスくん、シングルマザーってなに？

おとうさんがいなくて、おかあさんだけのことじゃないかしら。

あぁ。ボクのところはおとうさんだけだよ。リコンて？

離婚は夫婦が別れちゃうことでしょう。

そうか。それはさびしいよね。

でも子どもはやさしい子に育ったんだって。

へぇ〜、よかったねぇ。おかあさんエライよねぇ。じゃぁいいんじゃないの。

でも子どもが大きくなって心に余裕が出来たら、さびしくなる時があるって書いてある。

なんで？

つまり恋をしたいんじゃないかしら。

ず〜っと恋をしてなかったから損したみたいな気持ちになるのかなぁ。

なってるかもしれないけど。

う〜ん、ボクたちに恋はわかんないよね。

ぼのぼのちゃんは恋ってあんまり好きじゃなかったんじゃないかしら。

うん、ボクはあんまり恋とかしたくない。

どうして？

恋って独り占めだから。

あぁ、あぁ。そうよねぇ。みんな独り占めしたくなる。でも独り占めじゃない恋ってあるの？

わかんないけど、あると思う。でもシマリスくんも恋とかしないんじゃなかった？

しません。

どうして？

めんどくせぃからでぃす。

あぁ、めんどくさいんだ。でも、どういうことがめんどくさいの？

いつ会うのとか、どこで会うのとか、なにして遊ぶのとか、今度はいつ会えるのとか、私たちこれからどうするのとか、あああぁぁ〜、めんどくせぇいっっっ。

シマリスくん、怒らないで。

だってそんなこと自分で考えればって思う。

きっと相手に考えて欲しいんだね。

ベタベタベタベタして。

ベタベタしたいんだよね、恋って。

すればいいでぃはねいでぃすか、勝手に。

う〜ん。やっぱりボクたちに恋の相談は無理なんじゃない？

ちょっと待って。でもこのひとは独り占めじゃない恋ならしたいと思ってるんじゃないかしら。

え？　そおお？

だって、子どもも反対しない、親も反対しない、そんな恋ならしてみたいっていうことじゃない？

あぁ、みんな賛成の恋？

そうそうそう。

でもみんな賛成の恋なんてあるのかなぁ。

そうねぇ。誰かが必ず独り占めするし。

うん。そうするとみんな賛成じゃなくなるよね。

だから、恋って必ず誰か反対なんだと思う。

じゃぁやっぱりみんな賛成の恋って難しいよね。

うん、難しいけど…。

ボクはね、誰にも言わないんだったら独り占めしないと思うんだよ。

誰にも言わないって、片想いということ？

恋って自分が好きだっていうことだよね。

え？　相手はどうでもいいの？

どうでもいいわけじゃないけど、自分が好きかどうかじゃないのかなぁ。

じゃぁ両想いって恋じゃないの？

それも恋だけど、単に両方好きだっただけじゃない？

単に両方好きだっただけって、なんだかスゴイ、ぼのぼのちゃん。

あははは。

なにを笑ってるのでぃす。

でも両方好きだと独り占めするんじゃないかなぁ。

う～ん、うん。

自分だけが好きなんだったら恋は自由だと思うよ。

自分だけが好きなんだったら恋は自由!!　今日のぼのぼのちゃんスゲイ!!

あはははは。

笑うところじゃないでぃす。でもなんだかいいわね。自分だけ好きなんだったら恋は自由って。

うん。だから恋は自由なんだよ。

でも片想いって苦しいでしょう。

恋って苦しいものじゃないの？

そうかなぁ。

ボク、苦しくない恋ってしたことないけど。

え？　ぼのぼのちゃんてそんなに恋をしてたの？

ボクだって2回ぐらいしてるよ。

2回でぃしょう!!

シマリスくんは？

1回ぐらい。

1回じゃないの!!

1回で十分でぃす。

どうして？

だから、めんどさくいし、苦しいし……。

そうそう。なんだろうね、あの苦しいのって。他にはない苦しさだよね。甘苦しい感じっていうか。

なにに似てるかしら。

似てるのがあるかなぁ。

1週間あとに遊びに行く今日の感じ。

3日後に食べられるおいしいもののことを考えた時の感じ？

ちがいますね。

やっぱりなににも似てないんだよ、恋の苦しさって。

なんだかなつかしいものを思い出した時の感じに近くない？　もう行きたくても行けないところみたいな。

あぁ、うんうん。でもちょっとちがうかなぁ。やっぱり恋の苦しい感じって恋しかないんだよ。それでみんな恋をするんじゃない？

片想いだったらすればいいわよね。

うん、恋は自由だから。

でも片想いは苦しい。

だけど恋をしないのも苦しいって書いてある。

あ、そうか。どっちの苦しさを選ぶかよね。

それに片想いがほんとに苦しくなったら、相手に言ってみればいいんじゃない？

もしかしたら両想いかもしれないし。

うんうん。

でも両想いだったら、みんな賛成の恋じゃなくなっちゃうわよ。

子どもとか親とかが反対して、悲しくなる結末しか思い浮かばないって書いてあるよね。

問題はそれなんだから。

必ず悲しい結末になるわけじゃないと思うんだけどなぁ。

うん。うまくいく場合もあるし、なんとなくまずくなる場合だってあるし、いつのまにか忘れちゃうかもしれないし。

悲しい結末になりそうになったらその時は諦めればいいんだよ。

それはそれでつらいでしょう。

でも恋をしないよりいいと思うけど。

いや、だったらしない方がいいのでは？

う〜ん……。

なんだか言ってることがグルグル同じところを回ってるような……。

ボクさ、悲しい結末になりそうな時ってそんなに悲しい結末にならないと思うんだけど。

おぉ〜、ではどんな時に悲しい結末になるのでぃすか。

悲しい結末になるなんて思っていない時。

おぉっ‼　なんだかすげい‼

悲しい結末になりそうな気がするんなら、ほんとに悲しい結末になる前になんとかすると思う。

うんうん。それに一番悲しい結末って、悲しい思いをしている子どもや親がいるのにも気がつかない場合じゃない？　それに気がついたら、諦めて自分だけ悲しい思いをすればいいんだから、やっぱり恋ぐらいしてみればいいのでは？

そうだよ。してみればいいんだよ。

悲しい思いをするかもしれないけど。

でも悲しい思いをしないなんて、そんなの恋じゃないよ。

恋じゃないならなんなのです。
友だちだよ。
あはははは。友だちなんだ。
うん、恋だと悲しい結末になりそうだったら友だちになればいいよ。
でもそれは悲しい思いを隠したままの友だちなんじゃない？
そうだね。
そういうのってどうかしら。
ボクそういうひと好きだよ。
うん、シマリスも好き。

Q

父が交通事故で亡くなってしまいました

空猫　28歳　女性　休職中

父親が交通事故で亡くなってしまいました。あまりに突然のことだったので現実をいまだに受け止められません。もう会えないと思うとさびしくて悲しくて仕方がありません。立ち直るにはどうしたらいいのでしょうか。アドバイスをください。

A

誰でも悲しいのに慣れるのかなぁ

おとうさんが死んでしまったのか。かわいそうだねぇ。

ほんとねぇ。でも「かわいそう」って言っちゃあいけないのよ。

え？　どうして？

だって「かわいそう」っていうと言われた方がなんだか惨めになっちゃうから。

惨めになるかなぁ。

ぼのぼのちゃんはならない？

ボクはならないけどなぁ。

でも言われると傷ついて悲しくなってしまうひとだっているかもしれないし。

この前、ボク、尖った石を踏んで足の裏を痛くしたんだよ。それで足をひきずって歩いてたら、クズリくんが「かわいそう」って言って泣いたんだよ。

言った方が泣いたのでぃすか!!　でもそれはクズリちゃんだから。それに「かわいそう」って言った方が上で、言われた方が下みたいに思うひともいるわよ。

えっ、「かわいそう」って上とか下とかなの？

だって言った方はかわいそうじゃないけど、言われた方はかわいそうになるし。

「かわいそう」な方が下っていうこと？

う〜ん、なんだか変ね。「かわいそう」って言う前からかわいそうな方が下になってるみたいで。

ボク思うんだけど、言葉ってどんな言葉でも言った途端に、どっちかが上になったり下になったりするんじゃないかなぁ。

えっ。なにか言うとどっちかが上になったり下になったりするの？

うんうん、だから「かわいそう」って、言われた方は下になったように思うんだよ。

ははぁ。あと「がんばって」もそう。言われると傷つくひともいるし。

う～ん、言葉って難しいねぇ。

それよりこのひとの相談に答えないと。

うん。

誰かに聞きに行く？

誰がいいかなぁ。

シロウサギさんてこの前おとうさんを亡くしたのよ。

えっ、ほんと？

（シロウサギのところ）

ん？　なに？

シロウサギさん、この前おとうさんを亡くしたわよね。

あ、あぁ。でも随分前だよ。２年前。

どうやって立ち直ったの？

え？　立ち直ったのかなぁ、オレ。

まだ悲しい？

うん。時々。

そういう時どうするの？

どうするってどうもしないよ。

悲しくて泣いたりしないの？

前はよく泣いたけどね。

今は泣かないの？

今はあんまり泣かないな。

どうして泣かなくなったのかしら。

さぁ……。そりゃあ悲しいのに少し慣れたからじゃないか。

誰でも悲しいのに慣れるのかなぁ。

そりゃぁ慣れるさ。オレだって慣れたんだから。

慣れるためになにかした？

う〜ん、なにもしなかったなぁ。

なにもしないの？

うん。

ほんとになにもしてないの？

してないよ。なにもしないでただ悲しんでただけだな。

あ、そうかぁ。

え？

悲しみに慣れるためにはちゃんと悲しまないとだめなんだよ。

あ、うん。悲しむのはいやだからなにかして気を紛らしたり誤魔化したりしているといつまでも悲しみに慣れないのね。きっと。

うんうんうん。でも悲しむのってたいへんだよね。

たいへんよ。あのねシロウサギさん、おとうさんが突然亡くなったひとからお手紙が来たの。

ああ。

なにかアドバイスないかしら。

アドバイスねぇ。う〜ん。

なんでもいいの。

オレ、アドバイスとかしたことないからなぁ。

じゃぁ悲しんでた時になにか思ったことはない？

思ったことねぇ。

ない？

そうだなぁ。自分の父親を失くして、今悲しんでるひとって世界中で何人ぐらいいるかなぁって思ったことはあるね。

世界中に何人ぐらい？

きっとたくさんいるよね。

うん。すごくたくさんいるだろうなぁって思って、どれぐらいたくさんいるのか頭の中で思い浮かべたんだよ。きっともっと多いと思うけど、出来るだけたくさん思い浮かべるんだ。

出来るだけたくさん……。

目をつむって、父親を失くして悲しんでるひとを思い浮かべてみて。出来るだけたくさん。

（目をつむって）うん。

（目をつむって）うんうん。

（目をつむって）ほら、こんなにたくさんいるんだよ。オレわかるからさ。みんなどんなに悲しいか。みんなもオレがどんなに悲しいかわかってるんだよ。

（帰り道）

シロウサギさんてなんだかすごいねぇ。

うん。あとシマリスは世の中にたくさんのひとがいてすごくよかったと思った。

どうして？

だってシマリスと同じようなひとが必ずいるんだから。

そうか。でも誰とも似てないたったひとりのひともいるんじゃないかな。

いないでしょ。

いないかなぁ。

いないわよ。必ずいるの、自分に似ているひとが。

うん、そうだね。

Q

仲間を信じられません

柊こなた・ハーヴィ
22歳　男性　無職

中学時代（中学1年生）の頃、クラスの子たちにいじめられた影響によって、今現在、人（埼玉県にて出会った優しい仲間たち）を信じられず人間不信で、仲間たちを疑ってしまうことがあります……。どうしたら仲間たちを安心して信じられるのでしょうか……？

A

う〜ん、あんまり期待しないで探すの

仲間を信じられないってどうしてだろうね。

昔、いぢめられたからでしょ。

でもいじめたのは他の子じゃないの？

うん、でもいつか今の仲間もいぢめるんじゃないかって思ってしまうのね。

そうか。シマリスくんもいじめられたよね。

うん、いぢめられた。

ボクもそのうちいじめるんじゃないかって思う？

ぼのぼのちゃんはいぢめないけど、他の子はまたそのうちいぢめるんじゃないかって思う。

アライグマくんは？

今もいぢめまっす。

アナグマくんは？

そのうちいぢめるかも。

キツネくんは？

またいぢめるかも。

クズリくんは？

シマリスがいぢめてしまうかも。

ダメだよ。いじめちゃ。

うん。ごめんなさい。

つまりさ、いじめない子とそのうちいじめるかもしれない子がいるわけだよね。

そうそう。

それはみんなそうなんじゃないの？

うん、そうかもしれない。

シマリスくんはボクだけはいじめないと思ってるんだよね。

うんうん。

それでいいんじゃないかなぁ。

つまり？

いじめないと思える友だちがひとりいれば。

あぁ、そうねぇ。シマリスもぼのぼのちゃんからはじまったのよね。ぼのぼのちゃんだけはいぢめなかったから、だんだんみんなのことも信じられるようになったし。

うんうん、友だちってたくさんいらないんだよ。

ひとりかふたりいれば大丈夫よね。

だからまず信じられる子をひとりだけ見つけるといいよね。

うん、そこからはじまるし、また時間がたつとまわりにいる仲間もちがう子になるよね。そしたらまたちがうんじゃない？

うんうん、いつまでも今と同じところにいるわけじゃないんだよね。少しずつ変わるよ、まわりも自分も。

シマリスなんかずいぶん変わったもの。

そうだよねぇ。シマリスくんが一番変わったよねぇ。

ぼのぼのちゃんがいたからだと思う。信じられる友だちが。

ひとりでいいんだよね。

うん。そしてその友だちも「たったひとりの友だち」を探している子だったらサイコーよ。きっと一生の友だちになれるわよ。

そうか。そんな友だちって誰にでも見つかるかな。

いつも「たったひとりの友だち」を探していればきっと見つかるわよ。でも探しすぎちゃダメよ。

探しすぎちゃダメ？

見つからないとまた傷つくから。

じゃぁ、ふつうに探すの？

うん、いつもボンヤリ探してればいい。

ボンヤリ……。

誰にも無理強いしないで探すの。

無理強い？

う〜ん、あんまり期待しないで探すの。

そうか。あんまり期待しないでか。

うん、そのうち「たったひとりの友だち」がいなくても生きていけるようになるわよ。

ほんと？　友だちがいなくても？

うん。

さびしくないのかな。

さびしいけどガマン出来るようになってると思う。

今のシマリスくんも？

ううん、もっともっと先のシマリスよ。

そうか。

Q

どうやったら前向きに考えられるのでしょうか?

26歳 女性 フリーター
みどりまめ

このような素敵なサイトを開設してくださってありがとうございます。小学生のころぼのぼのと出会って以来ずっと大ファンです。(*^_^*)ご相談は、2年前まで祖母、そのあと祖父の介護をしつつ(家族の支えもあってどうにかやってこれて)週2日のバイトをしてきました。母と介護を交代し、これからは私が仕事をする役目になります。この年でしっかりしておらず怖がりかつ優柔不断、精神的に弱く不器用でこの先に不安を覚えます。自分を受け入れるにも違和感があって自分の数少ないいいところも全く生かせません。どうやったらちょっとでも前向きに考えていけるんでしょうか?

A

だったらボクも前向きじゃないけどなぁ

なんか自分に自信がないひとなのかな。

どうやったら前向きに考えられるかって。

シマリスくん「前向き」って？

あんまりウジウジ考えないで明るく生きていくことよ。

だったらボクも前向きじゃないけどなぁ。

シマリスも。

前向きなひとって誰かいるかな。

ヒグマの大将？

う〜ん。

アナグマちゃんよ。

え？　アナグマくん？　どうして？

だってアナグマちゃんて悩んだり悔やんだりしてるの見たことないもの。

隠れて悩んでるのかもしれないよ。

ちがう！　アナグマちゃんてなにも考えてないの‼

前向きなの？

前向きとはちがうわね。

ちがうと思うよ。

プレーリーちゃんは？

プレーリードッグくんって前を向いてるのかな。

ううん、どこも向いてない。

あははは。どこも向いてないんだ。

うん。そこにいるだけだから。

でも、このひと、おばあさんとおじいさんを介護したって言ってるよ。

それで働いたりもしてたんでしょ。エライわよ。

エライよねぇ。シマリスくんもおとうさんとおかあさんの介護してるよね。

うん、介護を経験したらもうこの世に怖いものなどねいのでぃす。

でも怖がりで優柔不断で弱くて不器用だって書いてあるよ。

怖がりで優柔不断で弱くて不器用でも、介護をしたら最強なのでぃっす!!

介護ってスゴイんだね。

他人のためにやるってスゴイのよ。

そうか。そうだね。他人のためにやるんだよね。

うん。なんでこんなことやってるのか、いつまで続けなければいけないのかわかんなくてたいへんよ。それに……。

それに？

いくら介護しても治らないのに。

そうか……。

治るんだったらやりがいもあるけど、治らないのよ。

うんうん。

それでも介護ってするのよ。スゲいではねいでぃすか!!

ほんとだねぇ。

だからこのひとは、怖がりで優柔不断で弱くて不器用でもいいのよ。別に前も向かなくてもいいではねいでぃすか。介護をやったんだから。

そうだよね。

誰も自分を誉めてくれないのなら自分が誉めてあげるのでぃす。そしたら少しずつ自信も出まっす。

怖がりで優柔不断で弱くて不器用なままだといつも不安なんだろうね。

不安じゃないひとなんかいないのよ。みんな自分だけ不安だと思ってるみたいだけど。

ボクも不安だなぁ。

なにが不安なの？

ちゃんと年をとれるか不安だなぁ。

あぁ、うまく年をとれるかって？

うんうん。
ちゃんとオトナになれるかどうか不安？
そうそう。
みんな年をとるのなんかはじめてだものね。
みんな生きるのがはじめてなんだから、はじめてのことばっかりだよね。
だからみんな不安なのよ。
うん、うん。
これからなにが起きるのかって。
うん、なにが起きるのかなぁ。

Q

素直になれません

21歳　女性　会社員

私は、素直になることが出来ず、人に謝ることが苦手です。それは友達や家族など、深い関係の人に対してのみですが、直さなければいけないなと思っていました。しかし素直になれないまま、2年前に父と喧嘩しました。謝るどころか、売り言葉に買い言葉で「出ていけ」といわれ家も出ました。もう2年ほど会話もしていないし、顔を合わせていません。性格の悪さに自己嫌悪して一人で泣くこともあります。もういっそ、このままでいいかなと諦めているのですが、兄弟や母に迷惑がかかるので、父に謝っておきたいと思っています。対面すると反抗的な態度になってしまいます。意地っ張りで素直になれない性格を直すにはどうすればいいでしょうか。相談出来る人が周りに居ないので、ぼのぼのちゃんたちの意見を聞かせてください。重くてごめんね。

A 「謝りたい」って思ってるだけでいいんだよ

おとうさんとケンカしたんだ。

2年間話ししてないって。

どんなことでケンカしたのかなぁ。

それは書いてないけど、家族ってよくケンカするわよね。シマリスもおねいちゃんたちとは年中ケンカしてるし。それとショーねいちゃんなんか最近おとうさんと話ししてるの見たことないもの。

おとうさんとおねえさんは仲が悪いの？

仲が悪いとかケンカしたとかじゃなくて、いつのまにかあんまり話ししなくなるのよ。特におとうさんとはそうよ。おねいちゃんもおかあさんとは話しするけど。

そうか。どうしておとうさんと話ししなくなるのかな。

なんていうか、おとうさんて変わらないのよ。ず〜っと変わらないの。いつも自分は自分だっていう感じ。

ボクのおとうさんは変わるよ。誰かに怒られるとすぐ変わる。

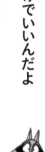

ぼのぼのちゃんのおとうさんは変わり者だから。

あはははは。

笑うところなの？

えっ、ちがうの？

別に笑ってもいいけど。だからぼのぼのちゃんのおとうさんは例外なの。アライグマちゃんのところだっておとうさんとケンカばっかりしてるでしょ。

あぁ、そうだよね。

そうねぇ、アライグマちゃんに聞いてみようか。

（アライグマのところ）

アライグマく～ん。ボクだよ、ぼのぼのだよ～。

アライグマちゃ～ん。

いないのかな。

ううん、いるわよ。アライグマちゃんのニオイがするもの。アライグマちゃ～ん。

ちっ。なんの用だよ。

ほら、いた。

アライグマくん、ちょっと聞きたいことがあるんだけど。

また相談かよ。なんでそんなことやってんだよ。
うん、ごめんね。
なんで謝るんだよ。
うん、ごめん。
なんで謝るんだって言ってんだよ!!
だめよ、ぼのぼのちゃん、謝ってばっかりいちゃ。
ごめんね、ごめんね。
謝るなあぁぁぁ!!

（ゲッツ～ン）

いたたた!!
ふぅ～。殴ったらスッキリした。
アライグマちゃん、ひどいではありませんか!!
やぁ～、わりいわりい。オヤジとケンカしたもんでさ。
ほら、やっぱりおとうさんとケンカしてる。
アライグマくんはどうしておとうさんとケンカするの？
なんでって、そんなの向こうに聞けよ。
自分じゃわからないの？

わかるかよ。オヤジの方がオレを嫌ってるんだよ。

アライグマちゃんは嫌ってないの？

オレも嫌ってるかな。

両方とも嫌ってるのではねいでぃすか!!

まぁな。

どうして嫌いになったの？

だから嫌われてるからだよ。自分を嫌ってるヤツを好きになろうとは思わないだろ。

でも嫌いになった理由があると思うけどなぁ。

あったかもしれないけど、そんな昔のことは忘れちまったよ。

毎日毎日顔を合わせるからではないでぃすか？

あ〜、それはあるなぁ。毎日会うんでウンザリする。

そりはわかります。

ボクはおとうさんと毎日会っててもイヤになったりしないけどなぁ。

おまえのオヤジは変わり者だから。

あはははは。

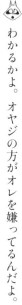

また笑ってる。

それとな、オレのとこもシマリスのとこもウチの中だろ。木の穴の中だよ。狭いし臭いしウンザリするんだよ。狭いのも臭いのも全部相手のせいだと思うし。

あっ、そうか。ぼのぼのちゃんのところはウチじゃなくて岩場だから。

そうそう、ぼのぼののところはウチじゃないからな。

じゃぁみんなも岩場に住むといいよ。

いやだ。寒いし、雨も降るし。

みんなから丸見えなのってイヤでぃす。

だからオレ、いつだったか家を出てひとり暮らししたろ。

あ〜、ありましたね。

離れて暮らせばいいんだ。

そうとも言えないけどな。どれどれその相談見せてみろ。なんだ、もう別々に暮らしてるのか。

そうなんでぃすが、やっぱり仲直りしたいらしいのでぃす。

でも素直になれなくて、おとうさんと話しも出来ないって。

いや、もう素直になってんじゃん。

え？

「謝りたい」とか言ってるだろ。

でも素直になれなくて謝ってないのでぃす。

「謝りたい」って思ってるだけでいいんだよ。

謝れなくても思ってるだけでいいの？

あぁ、思ってればそのうち必ず謝れるよ。

そうかしら。

そうだよ。

でも謝れなかったら？

謝れなかったら、それはそれでしかたないさ。

しかたないのかなぁ。

しかたないことってあるだろ。しかたないでいいじゃねぇか。なんでなんでも解決しなきゃいけねぇんだよ。

それはあるわねぇ。しかたないことを解決しようとして、うまくいかなくてもっと悩んでしまうかもしれないし。

でも、おとうさんとず〜っとお話ししないままってかわいそうだよ。

だから「謝りたい」って思ってるんだから、そのうちなにか起きるって。

「なにか起きる」。うんうん。

なんで今すぐ解決しなきゃいけねぇんだよ。今解決しなくてもそのうちなんとかなるかもしれないんだよ。

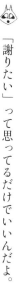

きっとみんないつまでも悩むのがいやなのね。

そうそうそう。

どうしてそのうちなんとかなったりするのかなぁ。

自分ひとりだけ生きてるんじゃないからだよ。

うん。

オレだけじゃなくてオヤジも生きてるし、オレの友だちもオヤジの友だちもみんな生きてるんだよ。自分の知らないところで誰にどんなことが起きてるかなんてわかんないだろ。

そうよねぇ。それがいつも不思議。

そうか。そうだねぇ。

あっ、オヤジが帰って来た!! ヤバイ! ヤバイ! おまえら早く帰れよ!!

おい。

な、なんだよぉ。

これ食うか?

あ、タケキノコ。どうしたんだよ、そんなに。

そこでアナグマのオヤジにもらったのさ。食い切れねえだろ。食うか?

そうだな、うん、食うよ。

じゃぁ中に入れよ。タケキノコはすぐ食わねえと香りがなくなるから。
うん。
あ、ウチに入っちゃった。
でも、よかったね。
アライグマちゃんの知らないところでなにか起きたのね。
そうかぁ。

Q

猫のウンチが臭すぎます

もみにゃん　16歳　女性　高校生

うちの猫のウンチが臭すぎてお片付けできません。私はどうしたらいいのでしょうか？
また、クズリくんはいつもどうしているのでしょうか？

A

それは困ったわねぇ

え？　ウンチが臭すぎる？

それは困ったわねぇ。

困るかなぁ。だってウンチが臭いのは当たり前だよ。

まぁまぁ、そうだけど。じゃぁクズリちゃんに聞いてみましょう。

（クズリくんのところ）

あっ、いたいた。クズリく〜ん。

クズリちゃ〜ん。

あぁ、ぼのぼのくんとシマリスくん、どうしたの？

「どうしたの」とか言いながらもうウンチしてる!!

あははは。どうだ、スゴイだろう。

スゴくないわよ。

ジョーダンだよ〜。

当たり前じゃない。

クズリくん、相談が来たんだけど。

ソーダン？

うん。あのね、猫のウンチが臭いんだって。どうしたらいいでしょうか、って。

それはたいへんだね〜。

たいへんかなぁ。

たいへんだよ〜。

クズリくんは自分のウンチの臭いをどうしてるの？

どうしてるってボクのウンチは臭くないんだよ。

え？　臭いでしょ。

じゃぁ嗅いでみてよ。

イヤでぃっす!!

嗅がないとわかんないよ〜。

嗅がなくてもわかりまっす!!

じゃぁクズリくんのはどうして臭くないの？

そりゃぁ肉とかあんまり食べないで、魚とか虫とか草とかを食べてるからだよ。

そうか。肉じゃなくて魚だったらいいんだね。

それでも臭いものは臭いでしょ。

臭くないから嗅いでみて。

イヤだと言ってるでぃしょぉ!!

他にはなにかある？

自分のウンチだと思えばいいんだよ。

自分のだって臭いでしょ。

じゃぁ自分のウンチだと思って嗅いでみてよ。

イヤだと言ってるでぃはねいでぃすかぁ!!

他になんかコツはないかなぁ。

コツ？

うん、ウンチを臭くしないためのコツ。

そんなコツがあるかなぁ。あっ、ウンチが臭くならない草を食べるといいよ。

え？　そんな草があるの？

うん、おとうさんが持ってるんだよ。ウチの中にあるよ。ちょっと待ってて。ほらほら、これ。チンウー草。

チンウー草？

おとうさんがつけた名前だから。ウンチを逆さまに言ってるだけだよ。これを食べてみて。

ボクが？　どれどれ、うわっ。苦い!!

ボクも食べるよ。シマリスくんも。

シマリスはいいでぃす。

なんで？　食べなきゃわかんないじゃない。

食べなくてもわかるのでぃっす!!

なんで？　なんでわかるの？

なんでもでぃっす!!　このあとウンチしてみるんでしょう？

うん。そりゃぁするよ。そのために食べたんだから。じゃぁぼのぼのくんから。

う〜ん、そんなにすぐには出ないなぁ。

そうかな〜、チンウー草食べるとすぐウンチしたくなるんだよ〜。ほ〜らほらほら、出そうになってきたんじゃない？

とか言いながら自分がしてるではねいでぃすか!!

あっ、ほんとだ。いっぱい出たね〜。じゃぁ、シマリスくん、嗅いでみて。

嗅がないと言ってるでぃしょおぉぉぉ!!

しないひとが嗅がないと。

そんなこと誰が決めたのでぃす！

いいよ、クズリくん、ボクが嗅いでみるよ。

えっ。

え〜と、どれどれ。臭いかな？

……。

……。

くっさっっ!!　臭いっ!!

やっぱり臭いのではねいでぃすか!!

そうか〜。残念だな〜。

なにが残念でぃすか！　残念なのはこっちでぃっす!!

やっぱりウンチって臭いんだねぇ。

そりゃぁ少しは臭いと思うよ。

さっきは臭くないって言ったのに。

そうだけどさ〜、ウンチってなぜ臭いんだと思う？

なぜかなぁ。

臭くなかったら、みんな知らないで踏んじゃうでしょ。

あぁ、そうだねぇ。

臭くなかったら、誰も埋めたりしないでそのままにしちゃうでしょ。

そうかぁ。

臭くなかったらみんな手でつかんじゃうでしょ。

そうかぁ。ちゃんと理由があったんだねぇ。

理由じゃないよ、役目だよ。

役目？

うん、ウンチの臭いの役目だよ。どれだけみんなに嫌われても自分の役目を果たしてるんだよ。エライよ。なのに臭いとかなんとか言わないで!!　かわいそうだよ!!　うぅぅぅ……。

なんで泣き出すのでぃす!!

あ、なんかウンチの臭いの役目に感動しちゃってさ〜。

なるほど、ウンチの臭いにも役目があったのでぃすね。

わかった？　だったらちょっと嗅いでみて。

嗅がないと言ってるでぃはありませぬかあぁぁ!!

やっぱり臭いのはしょうがないのかなぁ。

そんなにイヤなんだったら息を止めればいいよ。

そうだねぇ。

だったら確かに臭くないけど。

シマリスくん、じゃぁ息を止めて嗅いでみて。

嗅がないと言ってるでしょぉおおぉぉ!!

Q

ぎゃふんと言わす方法

45歳　女性　レジのおばちゃん　まぎぶぅ

45歳主婦、コテコテの関西人です。整形外科のじいをぎゃふんと言わす方法で悩んでいます。私は手巻きタバコが趣味です。手巻きタバコとはいろいろな味や香りの葉を好きにブレンドして、その時の体調や気分に合わせてリラックスできるものを作り出したりできる自分で巻いて作るタイプのタバコなのです。もちろんタバコなので体にはよくないのは承知の上の趣味です。さて本題です。先日職場でギックリ腰をしてしまい、近くの超良評判の整形外科に担ぎ込まれ、それから通院しています。そこのじい（院長先生）が嫌煙者でして、問診票に喫煙者と書いた為に猛攻撃にあっています。

じい「タバコやめろって言うたろ！　まだやめられへんのか！」

私「やめられへんのやなくて、やめへんねや！」

じい「言い訳すんな！　意志の弱いやっちゃな！」

私「ぐぬぬ……腰関係ないやん……」

　という感じです。このじいを黙らせるような面白い返しはないものでしょうか。病院を替えるのは「あいつ逃げたな」って思われそうでくやしいし、心は打倒！　整形外科のじい！　です。

A 落とし穴がいいよ いや、それは

ぎゃふんと言わせたいんだって。

なんだか楽しそうだけど。

シマリスくん、タバコって？

アレじゃないかしら。草を燃やして煙を吸うの。

煙を吸う？　あはははは。

なにを笑っているのでぃす。

だって煙を吸ってどうするの。

吐くのよ。

あはははは。吸ったり吐いたりするんだ。

だと思うけど。

なんでそんなことするのかなぁ。

おいしいんでしょ。

煙を吸ったり吐いたりするとおいしいの⁉　あははは。

ぷっ。なんだかシマリスもおかしくなってきた。あははは。

あはははははは。

あははははははは。

煙を吸うのがやめられないのか。

そういうのってあるわよねぇ。変なことってやめられないもの。シマリスもやっつけた虫の匂いをどうしても嗅いでみたくなるし。

ボクも穴があるとどうしても覗いてみたくなるなぁ。

それはちょっとちがうのでは……。でもそういう変なことだからやめろって言われるんだと思う。

うん。みんなやってることだったらやめろって言われないよね。このひと、煙を吸ったり吐いたりするのをやめられないのかな。

やめられないんじゃなくて、やめないんだって書いてあるわよ。

やめたくないのか。

やめたくないからやめられないのよ。それよりぎゃふんと言わせたいって言ってるけど、どんな方法がいいかしら。

落とし穴がいいよ。

いや、それは……。

水をかける。

いや、それも……。あっ、いいこと思いついた!! そのおじいさんはタバコをやめろって言ってるのよね。じゃぁ、やめて見せるのよ。

えっ、じゃぁおじいさんは喜んじゃうんじゃないの？

うん。それでやめて見せて、「どうだ、やめたぞ」って言って、おじいさんに見せてから、また吸うのよ。「また吸うことにしたから」って。あはははは。

それはスゴイねぇ。おじいさん、絶対に怒るよね。あっ、またタバコを吸うんだよね。じゃぁ、しばらくしてから「またタバコ吸いはじめたら腰が治った」って言ってみたら？

スゲい!! ぼのぼのちゃんはスゲい!!

あはははは。

ぎゃはははは。おじいさん、あんまり怒り過ぎて倒れてしまうかも。

このひと、ほんとにやらないよね……。

やらないと思うけど……。

Q 就職はなんのためにするのでしょう?

22歳　女性　学生

私は、1年間以上就職活動を行っていて、まだ内定が0です。興味のある業界はなく、事務などで社内から社員の方のために働きたいという思いはありますが、なぜそれがいいのかはわかりません。どこで何をして、何のために働くか、考えてもよくわかりません。明確に目標がないからまだ内定をもらえていないかもしれないです。就職はなんのためにするのでしょうか?

A 就職する理由ってどうしても必要なのかな

シューショクって?

働くことでしょ。貝をとったりクルミをとったり。

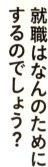

それは働くしかないよね。

でもこのひとは自分のために働くんじゃないと思ってるのかもしれない。

誰のために働くの？

誰のっていうか、みんながそうするからっていうか、みんなが働けって言うからっていうか。

それじゃぁイヤなのかな。

イヤじゃないんだけど、なんか納得できないのかしら。

就職する理由ってどうしても必要なのかな。

どうしても必要なんじゃないと思う。もし就職が早く決まってれば、このひとは悩まなかったかもしれないし。

そうか。じゃぁ就職が決まれば悩みもなくなるんじゃないかなぁ。

そんなに簡単じゃないでぃしょう。

そう？　どうすればいいのかな。

ぼのぼのちゃん、もっとちゃんと考えて。

考えてるんだけど、よくわかんないなぁ。就職がイヤならしなくてもいいんじゃないの？

じゃぁどうやって生きていくの？

う〜ん、よくわからないけど、働きたくなったら働けば？

それが出来るんならこのひとも困らないと思うけど。

うん。それが出来ないんなら働くしかないんじゃないかな。

みんなに「働け」って言われるのがイヤなのかしら。

ボクさ、みんなに言われるから働くのでもいいと思うんだよね。

うんうん、みんななんでも納得してやってるわけじゃないものね。

うん。ボクだっておとうさんに言われなければ掃除とかしないと思うし。働かなきゃいけないんだったら、誰かに言われてでも働けばいいんじゃないかな。どうしてもイヤだったら、そう言えばいいし。

世の中ってそんなに正しいことばっかりじゃないわよね。

うん。やりたいことをやってるひとってそんなにいないし。

どっちかって言うと、みんなやりたくないことばっかりやってるわよね。

そうそう。だからやりたいことがないひとは、誰かに言われたからやるっていうのでもいいんじゃないの。

うんうん、それでなにが悪いのって感じね。

それにさ。

うん。

ボク、世の中ってやりたくないことをやってくれてるひとたちで成り立っているって思うよ。

おおぉぉぉ!!　ぼのぼのちゃん、すげぃ!!

あははは。すごいかなぁ。やりたいことをやってるひとって目立つからわかんないけど。

ほんとよね。世の中ってあんまりやりたくないことをやってるひとばっかりだもの。

それでもやりたいことをやってるひとになりたいかってことよね。

それにさ、やりたくないことをやるのと、生きていて楽しいって感じることって別だと思うよ。

そうそう。ほんとにそうよね。この前シマリスだって、おとうさんとおかあさんの世話をした後に、「あ～あ」って思いながら川の方に行ってみたらアライグマちゃんとぼのぼのちゃんとアナグマちゃんがいて、いっしょに「川流れごっこ」したのがすごく楽しかった。

そうだよね。「あ～あ」って思って家に帰っても、楽しいことがなにもないわけじゃないもの。うん。ボクさ、だからさ、あんまりやりたくないことをやってる方でいい。

シマリスも。

Q

宇宙のことを考えると胸がザワザワします

GSY　22歳　女性　OL

宇宙のことを考えると、自分がちっぽけな孤独な存在な気がして怖いです。胸がザワザワします。どうすればいいですか。

A

星ってなにをしてるのかしら

宇宙の話だから今日は夜やることにしたんだよ。

なるほど。ぼのぼのちゃんのところで見るとほんとに星がきれいねぇ。

ボクもさ、宇宙のことっていうか、星空を見ると胸がグングンする。

グングン？　シマリスはフルフルする。

フルフルって？

なんかさっぱりわからないんで背中が寒くなる感じ。ぼのぼのちゃんのグングンは？

ボクのはどんどんいろんなことを考えちゃうからかな。

じゃぁドンドンなのでは？

グングンがいい。

あ、そうでぃすか。

ボクね、星空を見ると、ボクとどんな関係があるんだろうって思うんだよね。

どんな関係？

うん、だって星ってつかめないし、近くに行けないし、光ってるだけでなにをしているのかわからないよね。

ほんとねぇ、星ってなにをしてるのかしら。

うんうん、なんのためにあるんだろう。

よりによって空の上にあるし。

うん、わかりたくてもどうしようもないよねぇ。

でもなにか理由があるのよ。

そうそう、その理由ってなんなんだろう。

晴れてると星明かりで明るい夜もあるわよ。

でもお月様の方が明るいんじゃないの。

流れ星とかも見たことある。

うん、ボクはさ、あの星のうちのどれかひとつがボクなんじゃないかって思うんだよ。

どれかひとつ？

流れ星があると誰かが死んだんじゃないかって言うよね。だからたくさんある星のどれかがボクなんじゃないかって思う。

あぁ。じゃぁぼのぼのちゃんが死ぬ時、そのぼのぼのちゃんの星が流れ星になる？

そうそう。

ぼのぼの星。

うん、だからシマリス星もあるんじゃないかな。

でもどれがシマリス星なのかわからない。

うんうん、それって怖いよね。

流れ星を見ると自分の星じゃないかって？

そう。自分の星が流れ星になったら死んじゃうじゃない。

う～ん。背中がフルフルしてきた……。まぁ、そういう怖い話はいいでぃす。それよりシマリスの考えを聞いて。

うん。

シマリスはお月様も星なんじゃないかって思うの。

ええっ!!　お月様も星?　あんなに大きさがちがうのに。

それはきっと一番近くにあるからじゃないかしら。

あっ、そうか。でなければすごく大きい星かもしれないよね。

そうそう。

そうかぁ。そう考えるとなんだか宇宙ってすごいよねぇ。

うん。あと、シマリスたちのいるところも星だとしたら?

ええぇっ!!　ボクたちのいるところも星!?

そうそう。

すごいなぁ。じゃぁボクたちのいるところのうしろにも星があるっていうこと?

うん。星に囲まれてるんじゃないかしら。

すごいすごい。星ってそんなにあるんだ。

もっとすごいのは、そのたくさんある星にもシマリスやぼのぼのちゃんみたいな生き物がたくさんいたら?

うえぇぇっ!!　それはすごすぎるよ!!　もしほんとにあんなにたくさんある星にも生き物がいるとしたら、ボク……、ボク……、もうさびしくないよ。

そうね、さびしくないわよね。だからさびしい時、みんな星空を見上げるのかも。

でもそのたくさんいる生き物って見えないよね。

うん、シマリスたちには見えない。

それって、今まで生きてたひとたちみたいじゃないかなぁ。

今まで生きてたひとたち？

ボクたちが生まれる前に死んでしまった知らないひとたち。

あぁ。いたんだけど、もう会えないひとたち。

うん。ボクたちには見えないっていうか、もう絶対会えないよねぇ。

そういうひとたちって、なんだか星みたい。

星と同じぐらいいたくさんいたんだろうねぇ。ボクたちの知らないひとが。

もう死んでしまった知らないひとたちって、シマリスとどんな関係があるのかしら。

だから星と同じだよね。星もどうしてあるのかわからないし。

やっぱりみんな死んだら星になるのかも。

じゃぁ、星って今まで死んだひとたちが見えてるんだ‼

そうそう。見えてるのよ‼　シマリスたちが生まれる前に死んでしまったひとたちが。

すごいなぁ。

すごいわよね。

なんだかそんな気がしてきた。

うんうん。

Q

嫌なことばかり思い出してしまいます

23歳　女性　派遣社員　じむりじんじむ

嫌なことを毎日たくさん思い出してしまいます。学校やバイト先でのいじめ、帰り道に少し危ない目に遭ってしまったこと、内定先の会社から圧力をかけられたこと……どれもみんな過ぎ去ってしまったことです。なのに頭の中を駆け巡るのです。1年前のことも10年以上前のこともミックスされていて、色んな嫌なエピソードがランダムに浮かびます。これは自分で押し留めることができません。外出している時も、集中して何かをやっている時も脳内で再生されます。

そして「あの時ああすればよかった」「あんな風に言い返せばよかった」などと後悔します。

後悔しても仕方のないことばかりですし、ネガティブなことで頭がいっぱいになるのは好ましい状態ではありません。少しでも嫌なモノを頭から排除するにはどういった方法があるのでしょうか。

A 絶対思い出さないってまた自分に誓うのよ

嫌なことを思い出すって癖になるよね。

なるなる。

自分で止められなくなるし。寝てる時の変な歌みたいに。

寝てる時の変な歌って？

ボクさ、寝てる時に変な歌が頭の中に出てきて眠れなくなるんだよね。この前は、いやさいやさいやでもいいさそれ行けそれ行けどこまでも〜この子は誰だ変な子だ〜いつまでたってもついて来る。

いいでぃす!!　もういいでぃっす!!　やめてくだせい!!

やめようと思っても止まらなくて眠れなくなるんだよ。

あるある。アレってなんなのかしらね。

困るよねぇ。

そういう時ぼののちゃんはどうするの？

う〜ん、やめようやめようと思いながらいつのまにか寝ちゃう。

歌だからいいけど、それが嫌なことだとたいへんよ。

どうして嫌なことばかり思い出すのかな。

シマリスのことで言えば、嫌なことを思い出さないようにするよりも思い出しちゃう方が楽だからよ。

嫌なことを思い出したら、嫌な気持ちになるんじゃないの。

なんか体に悪いことを無理してやめるより、やっちゃう方が楽じゃない。

あ〜、鼻クソをほじるとか。

鼻クソほじるのは体に悪くないでぃしょう。

そうか。確かにやらないでガマンするより、やっちゃう方が楽だよね。

これってなんかの癖みたいなものだから、やめるしかないんじゃない。

でもやめられないって言ってるよ。

それでもやめるって決めるのよ。

それでも思い出しちゃったら？

またやめるの。絶対思い出さないってまた自分に誓うのよ。

自分に誓うのか。誓ってやめられるかなぁ。

やめられないかもしれない。それでまた嫌なことを思い出しても、また絶対思い出さないって自分に約束するのよ。

なんかスゴイねぇ、シマリスくんて。それでやめられたことってなにかあるの？

おとうさんとおかあさんの世話をする時に「どうせよくならないのに」って思わなくなった。

そうか……。でもみんなそんなにがんばれるかなぁ。

ううん。シマリスも今でも「どうせよくならないんだなぁ」って思う時があるもの。出来なくてもいいのよ。また嫌なことを思い出しても。でもやっぱりもう絶対思い出さないって自分に誓ってみて。

そうするといつかやめられる？

やめられないかもしれないけど、いつのまにかちょっとちがった自分になってると思うの。

どんな自分？

わかんないけど、今とはちょっとちがう自分。

ボクの変な歌みたいに、やめようやめようと思いながらいつのまにか寝ちゃうかもしれないしね。

そうそう。どうでもよくなるみたいな。

でもさ、嫌なことを思い出した時って、体がビクッてなるよね。

うんうん、シマリスはいきなりヘラヘラ笑ったりする。

あ〜、ボクもさ、誰もそばにいないのに「それはちがうよ！」とか言ったりする時がある。

アライグマちゃんは、いきなり走り出したりするみたいよ。いつだったか、アライグマちゃんが息を切らして走ってたんで「どうしたの？」って聞いたら、「ものすごくクソ嫌なこと思い出したんだ」って。

走るのもいいかもしれないね。息が切れてるのにまだ悩んでるひとっていないし。でもみんな嫌なことを思い出すんだね。

そりゃそうよ。みんな同じよ。どうして悩むかっていうと、みんな自分だけ悩んでると思うからよ。

みんな同じようなことを悩んでるよね。

それがわかれば、みんなこんなにひとりで悩んだりしないはず。

みんながお互いなにを考えているかわかればいいんだけどね。

なんでわかんないように出来てるのかしら。見たり、聞いたり、触ったり、泳いだり、空を飛んだりも出来るのに。

他人の考えてることぐらいわかったっていいよね。

きっとみんな誰にも知られたくない秘密があるからよ。

でもそれは、なにを考えてるのかみんなにわかられちゃうんだったら、秘密なんか最初からなくなるんじゃない？

おぉ、なるほど。

もしかしたら生き物にはどうしても秘密が必要なのかな。

なぜ必要なんだろ。

なぜなのかなぁ。

Q

どうしたら誰かを好きになれるのでしょう

由良　23歳　女性　会社員

はじめまして。私は今まで誰とも付き合ったことがありません。それどころか、ここ数年ずっと好きな人がいなくて、人を好きになる感覚がわからなくなってしまいました。どうしたら誰かを好きになれるのでしょうか。これから先ずっと一人でいるのはさびしいです。

A

誰かを好きになるのっておとぎ話なんだ

どうしたら誰かを好きになれるでしょうって、このひとさびしいだろうね。

うん。好きなひとがいないのはさびしいでしょう。

う〜ん……。

う〜ん……。

どうしたら誰かを好きになれるでしょうって言われるとわかんないよね。

シマリスだって、どうやって誰かを好きになってるのかわかんないもの。

ボク、ひとつだけわかるのはさ、そのひとがいない時にそのひとのことを考えたりすると好きになれるかもしれないよね。

あ、そうね。それが最初よね。

うん。そのひとがいない時にそのひとのことを考えて、そのあとそのひとに会うと、なんだかちょっとちがうんだよね。

うんうん。そうそう。ちょっとドキドキするっていうか。

それって友だちも恋人も同じなんじゃない？

う〜ん、そうかもしれない。

ボクさ、はじめてシマリスくんと友だちになった時、そのあとシマリスくんのことをず〜っと考えてた。また早く遊びたくて。

そうよねぇ。そこから誰かを好きになるのよねぇ。

それは友だちの場合だけど、恋人だとちがうのかな。

きっとちがうのよ。どこがちがうって、なんか特別になっちゃうのよ。そのひとの笑った顔とか。

走ってるところとか。

走ってるところはわかんないけど、あとはなんか目が合うのね。バチッと合っちゃう。

あ～あ～、バチッと合ったら、もうダメだよねぇ。

もうオッケーよねぇ。でも、このひとは一番初めの、そのひとがいない時にそのひとのことを考えるっていうのが出来ないのかもしれない。

えっ、それが出来ないと最初に戻っちゃう……。

やっぱりこういうことってシマリスたちにはわからないと思う。

じゃぁ誰かに聞いてみる？

誰に？

このひと女のひとだよね。女のひとに聞いてみようか。

女のひとって？

え～と、シマリスくんのおねえさんとか。

だめだめだめだめだめだめ。絶対にだめでぃっす！　ダイねいちゃんは「そんなこと簡単なことです。簡易です」とか言うに決まってるし、ショーねいちゃんは「好きなヤツなんかいなくたってなにが問題なんだよ」と言うはずでぃす。

じゃぁ他の女のひとって誰かいるかなぁ。

う～ん……。

（ヒグマの大将のところ）

こんにちは〜。

あ〜ら、ラッコちゃんとシマリスちゃん。めずらしいわね。ウチの子に用？　それともあのひと（ヒグマの大将）？

今日はコヒグマくんのおかあさんに聞きたいことがあって……。

えっ!!　あちしに!?　きゃあぁぁぁ!!　うれしいし！　うれしいし!!　それでなになに？　なにを聞きたいの？

実は……、この手紙のひとなの。

へ〜。え？　どうしたら誰かを好きになれる？　なんかむずかしいわね。

うん、すごくむずかしい……。

好きになれないひとに好きになる方法を教えるっていうこと？

うん……。

なんだか無理やり好きになるみたいよね。

このひと、どうして好きなひとがいないのかな。

う〜ん、きっと余裕がなかったのよ。一生懸命生きてきたんだろうし、でなければ生きるだけでたいへんだったんじゃないかしら。

余裕ってどうやったら出来るの？

時々楽しいことがあれば余裕って出来るものよ。

じゃぁ楽しいことがあんまりなかったのかしら。

かもしれないわね。

それはかわいそうだね。

誰かを好きになるのってメルヘンなのよ。

めるへん？

おとぎ話みたいなの。

誰かを好きになるのっておとぎ話なんだ。

う〜ん、ちょっとちがうかもしれないけど。

ちがうのでぃすか！

でも、おとぎ話を信じられるのって余裕がないと。あれ？　余裕があるからおとぎ話を信じていられるのかしら。

どっちでもいいのでぃは。

コヒグマくんのおかあさんが、ヒグマの大将さんを好きになったのもおとぎ話なの？

うん、おとぎ話よ。結婚してからはふつうに好きになったけど。

ふつうに好きって？

友だちみたいに好きっていうこと。

今でも？

今でも少し好き。

少しなんだ。

好きなのって少しでいいのよ。すんごく好きなうちはおとぎ話。

なるほど。

じゃぁ恋っておとぎ話なんだね。

そうだと思うわよ。だからおとぎ話を信じられるひとと信じられないひとがいるじゃない。それはしょうがないのよ。信じられないひとってやっぱり恋とか出来ないのかもね。

そうか。でもオトナになっても恋をするよね。

そりゃしょうがないのよ。だっておとぎ話に出てくる本物っていうか、魔法使いみたいなのが、目の前に出てくるんだから。

魔法使い？　あぁ、好きになったひとのこと？

うん、自分を幸せにしてくれるかもしれない魔法使い。

幸せにしてくれないってわかると別れる？

そりゃ別れるかも。別れないとどんどん嫌いになったりするし。

そうかぁ。じゃぁ、このひとどうすればいいのかなぁ。

だからおとぎ話じゃなくて、少し好きになれればいいんじゃない？

なるほど。少し好きになるにはどうすればいいのかしら。

う〜ん。あちしはね、あのひとに虫をもらったの。

虫？　虫なんかもらってなにがうれしいのでぃす！

まぁまぁ、ちょっと聞いて聞いて。それがきれいな虫でね。いろんな色で光ってるみたいな羽をしてて。まぁ、死んだ虫だったんだけど、それを「きれいな虫だぜよ」とか言ってあちしにくれたわけ。別に欲しくなかったんだけど。あはははは。

別に笑わなくてもいいのでぃは。

それで、その虫を捨てるわけにもいかないからウチの中に置いてたんだけど、それがマズかったのね。その虫を見るとあのひとを思い出しちゃって。

あ〜、そうかぁ。それで好きになったんだね。

そうそう。あはははは。

また笑ってる。

やっぱり、そのひとがいないところでそのひとのことを考えると好きになっちゃうんだね。

あぁ！　そうそう！　絶対そうよ!!　だから、考えてもいいひとがいたら考えてみるのよ。ほんとに好きになっちゃうかもしれないから。

でも、好きになってもうまくいくかなぁ。

いいじゃない。うまくいかなくても。うまくいくとどうなるの？

お互い好きになるんじゃないかなぁ。

お互い好きになった後は？

いっしょに遊ぶ。

その後は？

幸せに暮らす。

それこそおとぎ話よ。絶対にそんな風にならないから。恋なんて好きになれればそれでいいのよ。

そうか。好きになるだけで楽しいよね。

でも好きになると苦しいのでは？

あのね、苦しくないと恋じゃないの。

コヒグマくんのおかあさんも苦しかったの？

うん、す～んごく苦しかったぁ。あはははははは。

笑ってるではねいでぃすか!!

Q マンボウを家で飼うには どうすればいいですか？

22歳　女性　紙芝居屋さん　まんぼのちゃん

マンボウを家で飼うにはどうすればいいですか？

A 毎日水を取り替えないといけないよ

マンボウを家で飼うにはどうすればいいかだって。
どうすればいいのかしら。
ボクもマンボウさんがそばにいてくれればいいなぁって思ったことがあるよ。
なんで？
ボ～ッとしてて見てるだけで楽しいんだよ。
それって海の波が寄せたり引いたりしてるのを見てるみたいな感じ？

うん。なんだか見とれちゃう。

それでマンボウを家で飼うにはどうしたらいいの？

家で飼うのはむずかしいんじゃないかな。すぐ近くに海がないと。

やっぱり海で飼う？

でないと毎日水を取り替えないといけないよ。

それにマンボウって大きいわよね。

うん、近くで見るとすごく大きい。それに泳ぎが下手だから狭いところだとぶつかっちゃってケガするし、広いところじゃないと飼えないと思う。

泳ぐの下手なんだ。あの体だものねぇ。

頭だけみたいだし。

ひどいわよね。

ひどいっていうか……。

あんな体になってなにかいいことあるのかしら。

う〜ん、なぜあんな体になったんだろうね。

めんどくさいから頭だけでいいやって思ったんじゃない？

あははは。ちがうと思うよ。

じゃぁなんであんな体になったの？

それがさ、おとうさんに聞いても誰に聞いてもわかんないんだよ。

謎なんだ。

ボク思ったのはさ、ほんとはもっと小さくなりたかったんじゃないのかなぁ。

はぁ〜、小さくなれないから頭だけみたいになった？

うん。大きいとたくさん食べなきゃいけないよね。たくさん食べるっていうことは他の生き物をたくさん食べるってことだよね。

うんうん。他のみんなをたくさん食べなくてもいいように、もっと小さくなりたかった？

うん。

泣かせる話よね。

いや、ボクが考えた話だけど。

マンボウってすぐ誰かに食べられちゃうんじゃない？

うん、逃げないし、ボクでも捕まえられるぐらいだから。

あんまりみんなを食べたくない。でも自分が食べられるのはいい、みたいな。

マンボウってすごくタマゴを産むんだよ。1億とか2億とか3億とか。

3億？　それどうするの？　食べられちゃうの？

うん。孵《かえ》るのは2、3個で、あとは全部食べられちゃう。

まるで、ボクはいいからみんなボクを食べて、みたいな魚。

みんなに食べられるんなら大きい方がいいけど、大きいとみんなを食べちゃうからボク半分でいい、みたいな魚。

おおぉぉぅ!! なんだか泣ける!! 泣ける話ではねいでぃすか!!

いや、ボクが作った話だから。

それでマンボウっておいしいの?

クズリくんのおとうさんによると、すんごくおいしいって。

泣ける!! 泣けまぁっす!! マンボウはすげえい!!

いや、ボクが作った話……。

そりでマンボウを家で飼う話はどうなるのでぃす。

マンボウさんはみんなに食べて欲しいんだから、家で飼ったりしちゃだめなんじゃないかな。

なるほど。家で飼ってはいけない生き物、そりがマンボウなのでぃすね。

うん。

Q

仕事にやりがいや楽しさが見いだせない

めい　27歳　女性　サービス業

現在サービス業をしていますが、仕事の中にやりがいや楽しさが見いだせず毎日家を出る前や休日にも、もうすぐ仕事かと思うと常にモヤモヤした気持ちが取れずにいます。「辞める」と言えたらいいのですが、自分が仕事が出来ていないということもあり、なんだか逃げるようで、後味も悪く、そしてなにより上司が怖い。一体どうすればいいのでしょうか。

A

自分が生きていくために働くのよ

シマリスくん、さーびすぎょうって？

サービスだから誰かにサービスする仕事じゃないかしら。

へぇ〜。どんなサービスするのかな。

わかんないけど、シマリスがおとうさんとおかあさんの世話をしてるのもサービス業かもしれないわね。

じゃぁこのひともエライんじゃないの？

でもやりがいや楽しさが感じられないって。

シマリスくんはどうなの？

シマリスは、やりがいとか楽しさのためにやってるんじゃないもの。やらなけりゃいけないからやってるの。

う〜ん、そうか。

でも、おとうさんとおかあさんがちょっと調子がいい時なんかは少し楽しいし、「ありがとうね」って言ってくれた時もちょっとうれしい。

それがシマリスくんのやりがいとか楽しさなんだね。

そうかもしれないけど、おとうさんとおかあさんのところに行く時って、やっぱりモヤモヤして「あ〜あ、行きたくない」とか「今日は休みにしよう」とか「このままトンズラしてしまおう」って思うわよ。

トンズラって？

そんなとこに食いつかないで。とにかく、やりがいがあって楽しい仕事なんてめったにないんじゃない？　誰か少し誉めてくれたとか、ありがとうと言われたとか、そういうことがあれば、少し楽しくなるとは思うけど。

じゃぁ、このひとが楽しくないのは、誉められたりお礼言われたりしてないからかな。

うん、あんまり仕事がうまく出来てないって書いてあるもの。

そうか。じゃぁ、もう少しがんばってみるといいのかな。

そうかもしれない。そうすると少しずつ仕事がうまくやれるようになるかもしれないし、そうなっても誰も誉めてくれないとか、ありがとうも言われないんだったら、そんなとこやめちゃえば？

えっ、やめちゃうの？

それよりも、仕事がうまくやれるようになったら、誰も誉めてくれなくたって、もういいのよ。

どうして？

私はここまでちゃんと仕事やってるって思えれば、誰にも誉められなくても自分で自分に自信が持てるようになってるから。

あ、そうなんだ。

自分の仕事に自信が持てるようになったら、あとは自分で自分を誉めてやればいいし。

そうか。シマリスくんてやっぱりスゴイねぇ。

シマリス思うんだけど、みんななんのために働いてるのかしら。なんのためにやりたくもない仕事してるのかしら。

う〜ん。なんのためだろう。生きるため？

ぼのぼのちゃん、今日は話し合わせてるだけ？

だって今日のシマリスくんてなんだか怖い……。

みんな「楽しいお仕事」とか「生きがいを感じるお仕事」とか言われて、だまされてるのよ。

ええっ、だまされてるの？

そうよっ!!

誰がだましてるの？

みんなを働かせたいとひとが。

そのひとたちはどこにいるの？

みんなの近くにいるはずよ。

じゃぁ悪いのはそういうひとたち？

ううん、そういうひとも誰かに言われただけ。

じゃぁほんとは働かなくていいの？

ううん、働くのよ。自分のために。

自分のためなんだ。

そうよ。やりがいとか楽しいとかそんなことのために働くんじゃないんだから。自分のために働くんじゃない。自分が生きていくために働くのよ。

でもさ、それじゃぁ楽しいことってなんにもないのかな。

あるのよ。あるけど、それは別に働くことの中にあるんじゃないから。そこでいっしょに働いてるひとが楽しいとか、家に帰る途中が一番楽しいとか、お休みの日が一番うれしいわけじゃない。あとどこかに行くとか、おいしいものを食べるとか。働くのとぜんぜん関係ないところに楽しいことがあるのよ。そしてそれって働いてないと味わえないことなのよ!!

そうかぁ。そうだよねぇ。働いてるから味わえるのか。

そうなのよ。みんないつのまにか誤解してるっていうか、だまされてるの。

ボク今日はすごく勉強になったなぁ。

さっきはシマリスが怖いって言ってたくせに。

うん、怖かった……。だけど、このひと、がんばれるかなぁ。

わかんないけど、みんな今の自分で終わりじゃないのよ。もっとちがう自分になれるはずなのよ。

でも今生きてるのは今の自分だからねぇ。

うん、ほんとにそうね。だからむずかしいのね。あぁ、だから、「こういうひとになりたい」って思えるようなひとが近くにいればいいのに。そうすれば、今の自分だけで考えるのをやめられるんじゃないかしら。

シマリスくんは「こういうひとになりたい」っていうひとがいるの？

えっ!?

……。

う～ん、むずかしいわねぇ……。

……。

あっ!!

いたの!?

プレーリードッグちゃん。

そうかぁ!!　そうだねぇ!!

ぼのぼのちゃんは？

スナドリネコさん。

やっぱり……。

Q 同性の友達を好きになってしまいました

矢継　19歳　女性　大学生

同性の友達を好きになりました。もし嫌われて、友達の関係ですらなくなってしまったらと思うと、怖くて告白できません。最後まで片想いでいいやと思っています。しかし、このことを誰にも話さないで生きられるほど私は強くないです。私のこの生き方を誰かに肯定してもらいたいのです。お願いできますか。

A それもふつうの恋と同じよ

同性の友だちを好きになってしまったって、そういうのってよくあるんじゃないかな。

好きになったの「好き」が、ぼのぼのちゃんとはちがうんじゃない？

ううん。恋みたいに好きだっていうことだよね。ボクもあるよ。

えぇっ！　ぼのぼのちゃんが⁉

うん。

誰に……？

小さい頃に会ったシャチの子。

あぁ、よかった！　シマリスとかスナドリネコさんとか言うのかと思ったわ……。

そのシャチの子はイービくんていうんだけど、ほんとにかわいいっていうか、きれいなシャチの子だったんだよ。

そうねぇ。そういうのってあるわよねぇ。シマリスも男のリスの子にプレゼントもらったことがあるし。

そういうのってみんなあるんじゃないかなぁ。言わないだけで。

あるある。ず〜っと想いつづけるかどうかはわかんないけど。

うん、その後もつづくかどうかのちがいだけだと思う。

ぼのぼのちゃんは、イービくんとどうなったの？

イービくんがいたのはシャチさんの島だったから、時々しか会えなくて、そのうち忘れてしまったかなぁ。

そうなのよね。そのうち忘れてしまうだけなのよね。

でも、今でもイービくんのこと思い出す。とてもふしぎな感じで。

うんうん。ふしぎな感じ。今はどうしてるだろうって思うし。

同じだよね。好きになった女の子と。

うん。だからこのひとの場合は、つづいてるだけで別に変じゃないと思う。

でも告白すると嫌われるかもって思うんだよね。

それもふつうの恋と同じよ。嫌われたらどうしようって思うし。

じゃぁ言わない方がいいやって思うし。

告白しなければいけないわけじゃないし、黙ってる方がいいってわけでもないんじゃないかしら。そのうち気づかれるかもしれないけど。

えっ、気づかれたらどうするの？

その時はちゃんと言うかどうか決めるしかないんじゃない？

決めるしかないんじゃないって言うけど、それはたいへんだよね。

たいへんだけど、みんなたいへんなことから逃げようとするから、もっとたいへんになるのよ。

逃げなければいいの？

うん。もし気づかれたら、その時はどうしようって今から決めておくのよ。

そうか。今から決めておけばいいんだ。

それでもたいへんだろうけど。

やっぱりたいへんなのか……。

ぼのぼのちゃん、生きてるってたいへんなのよ。たいへんじゃない生き方なんてねいのでぃす。

うんうんうんうん。

たいへんだからおもしろいし、たいへんだから楽しかったりするの。たいへんなことから逃げようとするとなにがおもしろいんだかわかんない毎日ばかりになりますよ。

う〜ん、なにもやることがない日みたいな感じかな。なにもやることがない日って、ウンチとかオシッコばっかりしてない？

それは知りません。

え〜と、え〜と、でもさ、このひと、これから同性のひとしか好きになれないかもしれないよね。

うん。でも、そうなったらそれはしかたないし。

みんなとちがうようになるんだから、たいへんだろうね。

またたいへんとか言ってる。

あっ、そうか。ごめんごめん。

まぁ、たいへんでしょう。でも生きている途中で、みんな病気したり、ケガしたり、好きなひとが死んでしまったりするわよね。それって少しずつみんなとちがう人生になることじゃない？

みんなとちがう人生になる？

うん。病気したことがないひととはちがってしまうし、ケガしたことがないひととはちがうようになるし、好きなひとが誰も死んだりしたことがないひとには、わかってもらえないような人生になってしまうんじゃないかしら。

あぁ、そうか。でもそういうのは他にもあるよね。台風にあったとか地震にあったとか津波とか。

うん。もっとたいへんなことがあったひともいるし。みんなだんだん、みんなとはちがう自分だけの人生になるのよ。

そうか。別れ道みたいなのかな。

別れ道よね。そこで今までの人生と変わってしまうから。

でもさ、病気すると、病気したひとたちと同じになるんじゃない？

あ〜。

ケガするとケガしたひとと同じになるし、好きなひとが死んでしまったひとは好きなひとが死んでしまったひとと同じになるよね。

あ〜、そうそう。別なひとと同じになるのよ。

じゃぁ自分をわかってくれるひとはどこかにちゃんといるんじゃない？

そうそう、そうよねぇ。でも、わかってあげるんなら、やっぱり自分が一番わかってあげないと。

そうか。誰かにわかってもらうより、自分がわかってあげる方がいいよね。

ううん、みんな自分より誰かにわかってもらいたいのよ。

どうして？

どうしてかしら。みんなさびしいのよ、きっと。

そうかぁ。

Q どうしたら痩せますか？

ぴよ　27歳　女性　会社員

痩せたいのに食べてしまいます。ダイエットも長続きしません。おいしいものを食べたいし、運動しないと……と思ってもなかなか実行できません。どうしたら痩せますか？

A 腹がいっぱいなのが嫌いになってな

痩せたいんだって。

どうして痩せたいのかしら。

太ってるよりいいからじゃないかな。

それならわかるけど。太ってると重くてつらそうだし。

シマリスくん、痩せようと思ったことはある？

う～ん、ないわね。

ボクもない。誰か痩せたひとに聞いてみる？

痩せたひとって誰？

う～ん。

……。

そうだ‼　スナドリネコさんて昔は太ってたよね。

太ってたっていうか、いつのまにか痩せたわね。

（スナドリネコさんのところ）

スナドリネコさん、ボクだよ、ぼのぼのだよ。

見ればわかるよ。なにか用か。

痩せたいひとがいるんだけど、どうすれば痩せられるかなぁ。

なんでそんなことオレに聞くんだよ。

スナドリネコさんて痩せたよねぇ。

うん。昔はブワッとしてた。

なんだよ、ブワッとしてたって。

どうやって痩せたの？

昔のことだろ。忘れたよ。

どうやって痩せたか忘れたの？

どうやって痩せたかって、忘れるかなぁ。

隠しているのでは？

隠してどうするんだよ。

また人知れず痩せるのでは？

なんで人知れず痩せなきゃならないんだよ。

スナドリネコさん、どうやって痩せたか思い出してよ。

なんか悪いものを食べて下痢したんだな。

ウソでぃすね。

なんでウソだってわかる。

顔に書いてあります。

え？　どこ？

ぼのぼのちゃんは黙っててくだせい。

魚ばっかり食ってたからかな。

それもウソでぃすね。

オレは魚しか食わないだろ。

スナドリネコさんが木の実を食べてるのを見たことがありまっす。

あと草も。

草はいいのでぃす。やっぱりなんか隠してる。こりは相当すぐれたダイエット法なのでぃは？

そんなこと知らないって。

そうだ。クズリくんのおとうさんはカエル食べるのをやめたら痩せたって言ってたよ。

カエルなんかみんな食べません!!

クズリのオヤジに聞けばいいじゃないか。

あのひとは変なものばっかり食べてるので参考にならねいのでぃっす!!

痩せるキノコとか知ってそうだろ。

知ってるのに痩せてないではねいでぃすか。

なるほど……。

なるほどではありません。このひとのためにもなにか教えてくだせい。

だけど、痩せたいし、うまいものも食べたいしって、どっちにするんだよ。

それはそうでぃすね。結局、本気で痩せるつもりはないのかも。

だから本気でなくても痩せられる方法を教えてほしいんじゃない？

ムシがよすぎますね。

シマリスくんはムシが嫌いだからなぁ。

そのムシではねいのでぃっす!!　なんだか早く帰りたくなって来た……。スナドリネコさん、お願いしまっす。教えてくりりばすぐ帰りまっす!!

う～ん。痩せるためにやってたんじゃないんだがな。

おっ、どんなことですか。

腹が減ってるのが好きになったんだ。

お腹が空いてるのが好きになった？

うん。

それはなぜです。

腹が減ってると、頭の中がスッキリするのさ。

頭がスッキリするとどんないいことがあるのですか。

なにも。スッキリするだけだよ。

それで痩せたと……。

それからは腹がいっぱいなのが嫌いになってな。

はぁ～。腹がいっぱいなのがどうして嫌なのです。

なんだか余計なことやってる気がしてな。

余計なこと……。

スナドリネコさんて食べるのは好きじゃないの？

それがな、腹が減ってるのが好きになったら、食べるのも好きになったんだ。

え？　どうして？

少ししか食べないからさ。

あ〜あ〜。

うまいものを、それこそ少しだけ食べると、ますます食べるのが好きになるってわけだ。

なるほど。そりはいいかも！

でも食べるのがますます好きになって、ますます食べちゃうひともいるんじゃない？

そりゃぁ食べる方が好きなんだから、それでいいだろ。

太っても？

太っても食べる方が好きなんだろ。

太りすぎて病気しても？

太りすぎて病気しても食べる方が好きならしょうがないだろ。

う〜ん。それって幸せなのかしら。

食べたいものを食べたんだから、こんなに幸せなことはないさ。

じゃぁスナドリネコさんは？　あんまり食べないけど幸せなの？

う〜ん。好きな方を選ぶか。幸せな方を選ぶかじゃないか。

そうか。スナドリネコさんは好きな方を選んだんだ。

スナドリネコさん。お腹が空いて頭の中がスッキリするって、どんな感じになるの？

そうだな。どんなことでも考えられそうになる。

どんなことでも？

うん。ほんとはそんな気がするだけなんだがな。

どんなことでも考えられそうになるって、どんな感じなのかしら。

どんなことでも考えられそうな感じさ。

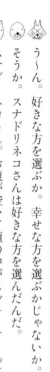

Q 自分の思いを素直にだせない

スナ 24歳 女性 無職

生きていて、たくさん思うこと感じることがある。でも言葉にだせない時があるんです。自分の思いを素直にだせないんです。そんな自分がほんともどかしく……自分に自信が持てなくなってしまいます。この気持ちの波とどう向き合っていったらいいでしょうか？

A 思ったこと言わないでなにを言うんだよ

思うことが言葉に出せないって、どういうことかな。

自分の気持ちを素直に言えないっていうことでしょう。

どうして？

自分に自信がないのかしら。言うと誰かに反対されるかもしれないとか。あと、悲しいとか嫌だとか怒ったとか、そういう気持ちをはっきり出せないのかもしれないし。

そうか。ボクさ、思ったこと感じたことを言葉に出せないって、どう言えばいいのかわかんない時のことかと思ったよ。

どう言えばいいのかわかんないって？

たとえば、道を歩いていて、なにか地面を見た時とか、すごく昔に感じた気持ちをいきなり思い出したりしない？

なつかしいこと？

なつかしいっていうか、ひさしぶりに草の中で寝転んだりするよね。その時になにか昔感じた気持ちがポワンと浮かんでこない？

なんとなくわかるけど、それはどんな感じなの？

それが言えないんだよね。それを言う言葉が思いつかないっていうか。そんな言葉があるのかな。

あぁ。シマリスは空を見た時に感じるわね。やっぱりなつかしいことじゃない？

なつかしいんだけど、それだけじゃないと思う。あぁ、なんて言えばいいんだろう。

じゃぁ、言葉作っちゃえば？

えっ、作っちゃう？

ぼのぼのちゃんがさっき言った、草の中で寝転んだ時に感じるのは、「くさうかび」

とか。

あははははは。「くさうかび」。そうそう、草の中で寝転んだ時、くさうかびを感じるんだよ。

あ〜あ〜、くさうかびね、シマリスもよくある。

あはははは。

ぼのぼのちゃん、シマリスが空を見た時に感じるのはなんていうの？

え〜と、え〜と、それはね、「そらたちぬ」だね。

あはははは。「そらたちぬ」。あるある、そらたちぬってよくあるわよねぇ。

ボクもある、ボクもある。そらたちぬっておもしろいよねぇ。

あははははは。

あははははははは。

まだ名前がついてない感じって、他にもたくさんあるかもしれない。

うん。そういうのってなんて言えばいいのかわかんないから、みんな誰にも言わなかったりしてないかな。

きっとたくさんあるわねぇ。

ねぇ〜。

ま、それはともかく……。

あ〜、このひとの相談だったね。

このひとの場合、やっぱり自信がないんだと思う。

それはボクも同じだよ。自分が話す番じゃないと言わなかったりするし。

うんうん、誰かが言いそうだと思うと言わないし。

あとはやっぱり言ってもわかってくれそうにない時だね。

それはあるわよね。シマリスもショーねいちゃんにはもうなにも言わないもの。殴らりるだけだから。

アライグマくんとか？

アライグマちゃんとかおねいちゃんは思ったことをなんでも言っちゃうわよね。ズルイって思う時があるぐらい。

ボクたちは言いたくても言えないことがあるのに？

そうよ。勝手でしょ。

勝手っていうか、アライグマくんもシマリスくんのおねえさんも、嫌われたっていいと思ってるんじゃないかな。

それはあるわね。嫌われたって平気っていうか。

このひとも、嫌われてもいいからなんでも言えばいいんじゃない？

だから、それが出来ないんでしょう。

そうか……。

でも、どうして嫌われてもいいのかしら……。

（アライグマくんのところ）

なんだよ〜、なにしに来たんだよ〜。

アライグマちゃんに聞いてみたいことがあって。

アライグマくんてさ、ひとに嫌われても平気なの？

ぁあ？　いきなりなんの話だよ。あっ、また誰かの相談か？

うん。自分の思いを素直に出せないんだって。

それがなんでオレんとこに来るんだよ。

アライグマちゃんは思ったことをなんでもバスバス言っちゃうでしょ。

なんだよ、バスバスって。当たり前だろ。思ったこと言わないでなにを言うんだよ。

ふつうは思ってても言わないことの方が多いのよ。

なんで言わないんだよ。

言うと相手が嫌かもしれないし。

オレはさ、そんなこと気にしながら誰かと話すんだったら、植物に話しかけてる方がマシ。

アライグマちゃんにはわかんないのでぃす。
言わなきゃ嫌な気持ちになるかどうかもわかんないだろ。
じゃぁシマリスも言ってみてもいいい？
なんだよ、言ってみろよ。
ううん、やっぱり言わない。
言えよ！　言わなきゃわかんないだろ！
言わない。
言えっての!!
言わない。
シマリスくん、言わないとどんな気持ち？
え？　どんな気持ちって、なんだか気持ちが溜まっちゃうような……。
それはなんて言うの？
なんて言うって……、え～と、え～と、「だまりだめ」って感じ。
「だまりだめ」!!　あはははは。
なんの話だよ。
アライグマちゃんにはわからないの。
シマリスくん、今度は言ってみたら？

え？

言ってみると今度はアライグマくんの気持ちがわかるかもしれないよ。

オレの気持ち？

……。

言えよ！

アライグマちゃんて、ただの自分勝手よ!!

ぬぁにぃいい!!

ほら、嫌な気持ちになったじゃない。

シマリスくん、言ってみたらどんな感じだった？

今度は「いいどおし」ね。

あはははは。「いいどおし」!!　あはははは。

なにがおかしいんだよ!!

このひとは「いいどおし」になりたいのかな。

なにが「いいどおし」だよ。オレを見ると、なんか好きなことをやって生きてるヤツみたいに見えるんだろ。

確かにそういう風に見えるのかも。

自分に正直に生きてるって？

そうそう。

そうじゃないぞ。そういう風にしか生きられないんだぞ。

アライグマちゃんが？

ひとに気を遣ってあんまり自分の考えを言わないとか、そういうことができないだけだよ。言わなければいいのに、自分の思ってることを言っちまうんで、みんなに嫌われるし。

でも嫌われるのは平気なんでしょ。

うん。平気。

どうして嫌われても平気なの？

嫌われないようにしたってどうせ誰かに嫌われるからだよ。だったら、オレを嫌いなヤツは近寄って来ないようにしておいた方がめんどくさくないし。

でも友だちがいなくなるんじゃない？

友だちなんてひとりふたりいればいいだろ。それに言いたいことも言わないと友だちだっていなくなるぞ。

それはあるかも……。

だったら思ったこと言えばいいさ。

だから、それができるんなら、このひとだって悩まないわよ。

そうか、そうか。みんな自分と反対の生き方にあこがれるもんだな。まぁ、いい……。
ちょっとこっちに来いよ。

（テンの親子のところ）

見ろよ。あそこにテンの親子がいるだろ。

あぁ、白いテンのおかあさんと子どもだね。

おとうさんはいないの？

いたんだけど、どっか行っちまったんだ。

おかあさん、ひとりで子どもを育ててるよね。

あのかあちゃん、ずうっと子どもの世話ばっかりで、自分のやりたいこともやれないし、言いたいことも言わないし、行きたいとこにも行けないだろ。それでもいつもニコニコしてる。

そう見えるだけでほんとはいろいろガマンしてるのでは？

そうかもしれないけど、オレには、自分の気持ちなんかきれいさっぱり捨てて生きてるように見えるんだ。うらやましいな。あこがれる。

アライグマちゃんが？　ほんとに？

あのおかあさん、誰かにあこがれられてるなんて知らないだろうね。

ほんとね。

アライグマくん、そういう気持ちってなんていうの？

はぁあ？　そういう気持ちって？

誰かをうらやましいっていうか、あこがれてる気持ち。

……。

……。

……。

「とおくみ」。

遠くから見てるっていうこと？

「とおくみ」。なんだかいいわね。

うん。

Q 友達にイライラしてしまう

るーび　18歳　女性　学生

高校生です。私にはいつも一緒にいる同性の友達がいます。以前は何とも思わなかったその子の行動が、最近ではイライラしてしまう時があります。嫌いなわけではないのに、何故イライラしてしまうのでしょうか……。

A 離れてみて、さびしかったら仲直りすればいいし

イライラする行動ってなにかな？

それは書いてないからわからないけど、なんとなくわかるわね。

これって家族だとよくあるよね。

あるある。なんかいっしょにいすぎてイラっとするの。

イラっとして、反省する。

うん。イライラして当り散らしてから謝りに行く。

そんなに気にしなくてもいいんじゃないかなぁ。

うん。ゴメンすればね。

なんでイラっとするんだろうね。

こっちはもうそんなに楽しくないのに、向こうはまだ楽しそうにしてるからじゃない？　でなければ、なんか相手の方が上にいるみたいな関係になったのかも。

どっちが悪いのかな。

どっちが悪いっていうことじゃないでしょう。ふたりともなにが悪いのかわからないし。でも、こういう仲になると、そのうち別れちゃうかもしれない。

このひと別れたくないのかな。

どうかしら。別れたくないなら仲直りするかもしれないけど、もし別れてもそのうちまたつきあうかもしれないし。

うんうん。一度離れてみるのもいいかも。

うん。離れてみて、さびしかったら仲直りすればいいし。

じゃぁ、それでいいかな。

っていうか、こういうのって、あんまりこじれないといいけど。

こじれるって？

どっちかいぢめたり、いぢめられたりするかもしれないじゃない。

あ〜。

別れるとしばらくお互いを意識するし。

うんうんうん。

あげくの果てに、悪いのはどっちだっていう話になるかもしれないし。

なるなる。

別れ方ってむずかしいわよね。

うん。別れてもう会わなくなるんならいいけど、別れたあとも近くにいるとねぇ。

いい別れ方ってないかしら。

う〜ん。やっぱり近くにいない方がいいよね。

別れるって悪いことみたいに思うじゃない？

悪いことじゃないんだ。

一生つきあうのが一番いいって思われてないかしら。

そうだねぇ。

それはむずかしいわよ。みんなそれが出来なくて傷ついたりするし。

あ〜。恋人とか夫婦とか？

一生いっしょにいようとして無理してる。

ほんとは一生いられないのかな。

うん。だってみんな必ず飽きるもの。

なんでも飽きるよね。飽きるってなんなのかな。

つまんなくなるんでしょう。

つまんなくなってもガマンする？

うん。ガマンするひとは多いと思う。

つまんなくなってもなぜガマンするのかな。

シマリスはそこだと思うの。

え？　どこ？

「どこ？」じゃなくて、友だちも家族も夫婦もつまんなくなるじゃない？

うんうんうん。

でも、つまんないままず～っとやってると「つまんないのもいいな」って思うのよ。

なぜいいの？

うん。なんか落ち着くの。

あぁ、落ち着くのかぁ。いいよねぇ、落ち着くのって。

だからみんな、落ち着くものが欲しくてガマンするのかもしれない。

そうか。じゃぁ落ち着くものって一番価値があるのかな。

それはわかんないけど、ただ、落ち着くものって、楽しいとかうれしいとかおもしろいとか、そういうことを通り過ぎたものよね。

うんうん、落ち着くものってふしぎだよね。

まぁ、これでいいや、って思える。

あぁ、そうだね。

Q

ラッコになりたいです

ゆきぼの　17歳　女性　学生

ラッコになりたいです。貝を持って、海に浮かんで、海藻にくるまって昼まで寝たいです。どうすればなれますか？

A

あはははは

あはははは。どうすればラッコになれますかだって。

ラッコのマネだったら誰でもできると思うけど。

貝を持って、海に浮かんで、海藻にくるまって昼まで寝てるのはやれるわよね。

海に来た時やってみればいいんじゃない？

ラッコって他になにをするの？

魚をとったり、貝をとったり、毛づくろいしたり。

誰かと戦ったりしないの？

トドやサメは怖いけど、戦ったりはしないよ。

そうそう。トドやサメに食べられたりするけど、それでもラッコになりたいのかしら。

ほんとになりたいのかなぁ。

でもラッコって変よね。海にいるのにヒレも水かきもないし。

ラッコはもともと陸の生き物だったって、クズリくんのおとうさんが言ってたよ。

えっ、ラッコって陸にいたの？

イタチとかカワウソに似てるよね。だからボク泳ぐのが下手なんだと思うよ。

ええっ！　はじめて知った！　ショックでぃす！

ボクもクズリくんのおとうさんに教えられた時はびっくりしたけど。

なんで海で生きようと思ったの？

なんでって、ボクは生まれた時から海にいたからわからないよ。

どうして陸じゃなくて海で生きようと思ったのかしら。

う～ん、どうしてかなぁ。

「海の方がいいや」って思った時があったと思うの。

ボクは森の方が好きだけどなぁ。

でもぼのぼのちゃんのおとうさんはあんまり森に来ないわよね。

うん。やっぱり海の方が好きみたいだね。

そうか。ぼのぼのちゃんのおとうさんにも聞いてみましょう。


（ぼのぼのたちのいる岩場）


おとうさ〜ん、おとうさ〜ん。

やぁ、ぼ　の。

おとうさん、ラッコって昔は陸の生き物だったんだってね。

ええっ!!　ほんと　うかい!?

おとうさん、知らなかったの？

いや、知って　たけど。

ではなんで驚いたのでぃす。

驚いた方が喜ぶん　じゃない　かと思ってね。

あはははは。

なにを笑っているのでぃす。おじさん、ラッコって「海の方がいいや」と思った時があると思うのでぃす。それはどんな理由だったのでぃしょう。

う〜ん、わから　ないねぇ。誰かに　聞いてみ　たら？

だから今おじさんに聞いてるのではねいでぃすか。

おとうさんは海の方が好きだよね。

うん。

どうして海の方が好きなの？

う～ん、おいしいも　のが　たくさんある　から　かな。

なるほど。海の物の方がうまいものがある、と。やっぱり理由は食べ物なのかしら。

あとはね、海を見た　時にびっくり　したん　だと思う。

海を見てびっくりして、「ここで生きてぇい!!」と思ったのでぃすね。

それはそうだよね。海を見たら誰だってびっくりするもの。

それと、海は広い　し、誰もいないと思った　んじゃないか　な。

そうか。「しめた。ここには誰もいねい」と思ったと。

でも、海に入って　みたら、たくさん　いるのがわかった　からね。

実は魚とかたくさんいて、またびっくりしたでしょうね。ふむふむ。他には？

う～ん、なんだろ　うねぇ。

なんかもっと決定的なものがあったのでぃは？

泳いでみたら楽しかったんじゃないかな。

いや、もっと決定的なものがあるはず。

貝とかウニ　とか　かんたんにと　れるから　ね。

じゃなくて、もっともっと決定的なことがあったはずでぃっす。

なんだろう……。

海は　家がいらないからじゃ　ない　かい。

なるほど!!　陸に住むと必ず家とか巣が必要だけど、海ではいらねい！

家がなければ掃除と　かしなくてもいい　んだよ。

そ、そりは大きい!!　掃除とかしなくてもいいのは大きいでぃっす!!

あとは家が　なければ　なにも壊れたり　しないし。

おぉ!!　確かに家がなければなにも壊れることはねえい!!　って、当たり前でぃしょう!!

シマリスくん、ボク思うんだけど、もし海に入ったラッコがひとりだけだったら、みんな海で生きることにはならなかったんじゃないかな。

え？　ひとりだけ？

ひとりめは海で生きることにしたとしても、やっぱりふたりめがいたから、みんなに広まったんじゃないかなぁ。

ははぁ、確かにふたりめがいたんでしょうね。では、なぜふたりめは自分も海で生きようと思ったのか。

う〜ん、それはわからないけど……。

ひとりめが海にいるのを見て、自分もやってみたいと思ったんでぃしょうね。

……。

……。

わかった‼　このひとと同じでぃっす‼

え？　このひとと同じって？

つまり、ひとりめのラッコが、貝を持って、海に浮かんで、海藻にくるまって昼まで寝てるのを見たら、ふたりめのラッコも自分もやりたいと思ったのでぃしょう。

あ、そうかぁ。

な　るほ　ど。

Q

人と雑談するのが苦手です

芋煮会　21歳　女性　大学生

私は人と雑談することが苦手です。特に初対面の人だと何を話していいかわからず困惑し話題が途切れてしまいます。初対面の人とすらすら楽しそうに話している友人を見るとすごく羨ましく思います。どうしたら、会話を続けることが出来るでしょうか。ぼのちゃんシマリスくん教えてください。

A

オトナのマネするのがいいわね

雑談するのが苦手なんだ。

これはシマリスもよくわかる。オトナとか自分のおじさんやおばさんとかとは話せないもの。

ボクもそうだなぁ。ヒグマの大将とか知らない子とか。

雑談っていうか世間話ができないのね。お天気の話とか、近所の話とか、ひとの噂話とか。

ボクもできない。そういう話のどこがおもしろいのかわかんないし。

わかんないわよね。早く帰りたくなる。でもぼのぼのちゃんは、スナドリネコさんとは話せるでしょ。

スナドリネコさんとも最初は怖くて話せなかったよ。

なぜ話せるようになったの？

スナドリネコさんもオトナとはあまり話しできないんだよね。それを見たら少しずつ話せるようになった。

そうか。あまり話せないひと同士だったら、話せるかもしれないわね。

うん。少しずつ話せるようになればいいんだし。

あとは、オトナのマネするのがいいわね。

オトナのマネ？

ダイねいちゃんは子どもの頃から、明らかにオトナのマネをしてたのでぃす。オトナのマネをすると、オトナって誉めてくれるから。おねいちゃんなんかマネしてるうちにほんとにオトナになってしまったって感じ。

そうか。マネすればいいんだ。

っていうか、オトナってオトナのマネしてるだけじゃない？

えっ、そおお？

だからオトナってみんな同じようになるんだと思う。

あぁ、みんなとちがうオトナって、あんまりいないよねぇ。

そうよ。みんなとちがうオトナだと、オトナって言われないのよ。変わり者って呼ばれるの。ぼのぼのちゃんのおとうさんなんかそうでしょ。

あ、そうか。スナドリネコさんとか。

だからオトナのマネをしてるとそのうち話せるようになるわよ。あとは、ひとつだけコツがあるの。

なに？

自分が好きなことや興味を持ってることをちょっとだけ言ってみるの。オトナって意外と食いついてくるのよ。

シマリスくんも言ってみたことがあるの？

ある。シマリスの場合は、おじさんに、西の森に行ったら奥の草むらにものすごく臭い穴があったって言ったことがあったの。あれはなんの穴だって聞いてみたら、おじさんが、あとで見に行ったみたいで、その後会った時に「シマリス、あの穴はな、中でヘビが死んでたんだ」って。

へぇ～。

シマリス、なんだか少しうれしかった。

Q どうして生きることはこんなにも苦しいのですか？

A子　20歳　女性　フリーター

どうして生きることはこんなにも苦しいのですか？

A そりゃぁ苦しいよ。カコクだよ

生きるのってどうしてこんなに苦しいのかって。

このひと、そんなに苦しいのかしら。

楽しいことだってあるんじゃないかな。

そりゃぁあるけど、楽しいことって少ないし、すぐ終わっちゃうでしょ。

でも楽しいことはあるよね。

うん、あるけど……。

あと、意外なことってあるよね。

意外なこと？

ボクこの前さ、アライグマくんのところに行こうと思って歩いてたら、アナグマくんに呼び止められて、「これ食わないか」って魚をもらったんだよ。川の魚だけど、すごくおいしかった。2匹もらったんで、もう1匹はアライグマくんにあげようと思って「これアナグマくんにもらった魚だけど食べてみて。すごくおいしぃよ」って言ったら、「それはオレがアナグマにやったヤツだよ!!」って殴られた。

それのどこが意外なのでぃす。

アナグマくんが魚をくれたところと、それがアライグマくんがあげた魚だったところかなぁ。

確かに意外は意外ですが、そんなに意外ではないでぃしょう。

でも、おもしろくない？

おもしろいって言えば、おもしろいけど……。

自分の知らないところでいろんなことが起きてるんだって考えるとなんだか楽しいよ。

そういうのならシマリスにもあります。シマリスの場合は、ある日、朝起きたら家の前にクルミが5個ぐらい置いてあったの。誰だろうと思って、そのままにしておいたら、次の日にはもっと増えてて。それで隠れて待ってたら、次の朝、知らないリスの子がまたクルミ持って来たの。キミは誰？　なんでクルミを置いて行くの？　って聞いたら、あっ、まちがいました、ボクのおじさんの家だと思ったものでって謝ったの。それで、おじさん、どうかしたの？　って聞いたら、病気になってクルミをとれないから、代わりにとってあげたんだって。それはいい話だな、って思ったから、そのクルミをおじさんの家まで持って行ってあげようとしたら、その子、結局、おじさんの家を知らなかったのよ。

へぇ～。それでクルミはどうしたの？

しかたないからふたりで食べちゃった。すごくお腹いっぱいになったけど。あはははは。

あはははは。なんか意外だねぇ。

うん、それからその子は時々遊びに来るようになったの。

そういうことってあるよねぇ。自分の見てないところで意外なことがはじまっちゃってる。

でも、このひとはそういうこともなかったのかもしれない。

そういうこともないなんてさびしいねぇ。

うん。きっとシマリスたちにはわからないぐらいつらい人生ってあるのよ。

どんな人生？

わからないけど、ただ生きてるだけで精一杯の人生。

それはどんな感じなの？

きっと遊んでるヒマなんかないのよ。

遊んでるヒマがない？

あと、友だちとかもいないの。

なぜ友だちがいないの？

きっと忙しいからよ。

それはさびしいね。

それで心も負けちゃってるの。

どんな風に？

もうどうなってもいいや、みたいに。

う〜ん、かわいそうだねぇ。

それからシマリスみたいに誰かの世話をしなけりゃいけないのかもしれないし。

たいへんだねぇ。

たいへんていうと、おとうさんとおかあさんの方がたいへんよ。ふたりを見てるところのひとと同じこと考える。

同じことって？

生きていくのはカコクだなぁって。

（シマリスくんのおとうさんとおかあさんのところ）

おとうさ〜ん、おかあさ〜ん。

おや、どうしたんだい、シマリス。朝に来たばっかりだろ。

うん、おとうさんとおかあさんにちょっと聞きたいことがあって。

聞きたいこと？　おかあさんは今寝てるけど。

じゃぁおとうさんだけでいいから、ちょっと下りて来て。

うむ。聞きたいことってなんだい。

おとうさんとおかあさんて、年をとってもう自分で食べ物もとれないし、行きたいところにも行けないし、病気が治らなくてたいへんじゃない？

うむ。前にも言ったけどね、生きていくのはカコクだよ。

シマリスくん、カコクって？

すごくつらくてたいへんなことよ。

すごくつらくてたいへんなのかぁ。

見てると、なぜそんなにまでして生きているのかしら、って思う時があるもの。

どんな時？

おかあさんのセキが止まらなくて眠れない夜とか。

うむ、たいへんだよ。

おとうさんも、熱が出たり、体が痛かったり、ごはんも食べられない時があるし。

うむ。

あと、もうこれ以上よくなったりしないのに、って思う。

うむ、カコク。

どうしてそれでも生きてるのかしら。

それは楽しいからだよ。

えっ、楽しいの？　だってあんなにつらそうなのに。

うむ。体が痛いとか病気とかは楽しくないけど、他のこと。

他のことって？

いいお天気だなって思う時とか、風が涼しいなって思う時とか。鳥が飛んできた時とか。そうそう、この前はね、家の入り口まで飛んで来たんだよ。誰もいないと思って自分の家にしようとしたんだろうね。はっはっはっはっ。

あはははははは。

なにがおかしいのでぃす。でも、そんなことが楽しいのでぃすか。

うむ。なにかあったのかぃ？

このひとが悩んでるの……。

うむ。どれどれ。へぇ〜、生きているのはどうしてこんなにも苦しいのですか？

うん。やっぱりみんな苦しいのかしら。

そりゃぁ苦しいよ。カコクだよ。

なぜこんなに苦しいのかしら。

でも、このひとの苦しいのと、おとうさんとおかあさんの苦しいのはちがうよ。

どこがちがうの？

このひとの苦しいのはまだなんでもできるから。

なんでもできるから？

うむ。なんでもできるのに、うまくいかないから苦しいんだと思うよ。

おとうさんたちの苦しいのは？

そりゃぁなにもできなくなるから。はっはっはっはっ。

あははは。

じゃぁ、おとうさんたちも、なんでもできた時はうまくいかなくて苦しかったの？

うむ。苦しかった。とても苦しかった。

そういう時はなにが楽しくて生きていたの？

そりゃぁまだ他にもできることはあったからだね。やったことのないことや、会ったことのないひとや、行ったことのないところや、いくらでもあったからね。

それが年をとるとなにもできなくなって。

うむ。なにもできなくなると、いいお天気とか、風が涼しいとか、もう夏だねとか、そういうことが楽しくなるんだよ。

そういうのって楽しいかしら。

楽しいさ。だって自分はなにもしていないのに、なにか起きるんだよ。見てるだけでも楽しいよ。

うん、そうかもしれないわね。

だって死んだらなにも起きないんだよ。なにも見えないし、風がそよとも吹かないし、なににもさわれないし、誰も自分にさわってくれないんだよ。だったらどんなに苦しくても、まだ生きてる方が楽しいだろう。

うん。

生きてるのは楽しいんだから、こんなに苦しいのもしかたないさ。

うん。

うん。

Q

大人になるってどういうこと

ペンギン　23歳　男性　学生

私はよく人から子供っぽく思われている様に思います。自分の好きな様に振る舞っているだけなのですが、人から「落ち着きがない」、「大人としてどうなの」と言われることが多いです。大人になるというのはどういったことなのでしょうか？（自分のしたい様にすることは間違いなのでしょうか？）

A

このひとはオトナになりたくないんじゃないの？

子どもっぽいオトナになればいいんじゃないかな。

うん。シマリスもそう思う。

それだと嫌われるのかな。

たぶん嫌われるんでしょう。

嫌われるのがイヤならオトナっぽくなるしかないけど。

どういうところが子どもっぽいって言われるのかしら。

すぐ走ったりするんじゃない？

子どもか!!

立ったままなにか食べたりとか。

子どもか!!

しないかなぁ。

そういうことだったらやめないと。

あははは。

シマリスはね、したいようにするのがダメなんじゃなくて、このひとがなにをしたいようにしてるのかだと思うの。

あ、そうだよね。木を見るとすぐ登っちゃうとかはダメだよね。

子どもか!!

あははは。子どもかっておもしろい。

あと「子どもっぽい」って誰に言われてるのかも問題ね。もしかしたらおかあさんじゃない？

おかあさんに言われてるとどうなるの？

ほんとに子どもっぽいのかも。

おとうさんに言われるんだったら？

それはそれでしかたないかな。

友だちに言われるんだったら？

みんなに嫌われてるでしょうね。

このひとはオトナになりたくないんじゃないの？

そうじゃなくて、オトナがなんなのかわかんないんでしょう。

あ、そうか。ボクはオトナって、すぐ走ったりしないし、立ったまま食べたりしないし、木に登ったりしないのがオトナだと思う。

当たり前でぃしょう。

っていうか、そういうことに飽きてるのがオトナだと思う。

それはそうね。でもこのひとがやってるのは、友だちとの約束をやぶって海に行ってしまったりすることなんじゃない？

あぁ、おかあさんに頼まれたこともやらないでムシをとりに行ってしまうとか。

子どもか!!

あははははは。でも、海に行くのはいいけど、ムシをとりに行くのはダメなの？

そこなのね。海に行くと「自由」っていわれるけど、ムシをとりに行くのは「子ども」なんでしょ。

そのちがいがわかればいいんじゃない？

ふつうはわかると思うけど。

でも子どもっぽいひとって幸せだったんじゃない？

おっ、そうかもしれない。

幸せだったから、なぜオトナにならなければいけないのかわかんないんじゃない？

おおっ、ぼのぼのちゃん、スルドい。とすると、みんながオトナになるのは、なにかたいへんなことがあったから？

たいへんなことがあるとどうしてオトナになれるのかな。

たいへんなことって、自分のことだけじゃなくて、ひとのこともいろいろ考えなきゃいけなくなるからよ。

そうすると、このひとは自分のこととか、ひとのことをあんまり考えてない？

それで子どもっぽいって言われるのかも。

でもさ、このひとは自分のことが好きなんだと思うよ。

あぁ、そんな感じよね。

幸せで、自分のことが好きなんだったら、今のままでもいいんじゃない？

うん、そのうちたいへんなことがあればオトナになるかもしれないし。なる時はなるんだから、そんなに気にしてもしょうがないわね。

うんうん。今のままで結婚して子どもができると、自分の子どもにはすごく好かれるおとうさんになるかもしれないし。

そうそう。おかあさんに「ウチには子どもがふたりいるんですよ」とか言われる。

あはははは。

でも、このひと……。ほんとは幸せでもなくて、自分を好きでもなかったら？

ドキッ!!　そうなるとたいへんだよねぇ……。

そうだったら、やっぱり自分を変えてオトナになるしかないんじゃない？

そうそう、そう思う。

Q

楽しむことができなくなってしまいました

22歳　女性　学生

楽しむことができなくなってしまい悩んでいます。例えば休日に時間があったら遊びに行かないといけない、気分転換に映画を観ないといけないという風に、以前だったら楽しんでいたことを最近は義務のように感じてしまい、楽しめないのです。結果、何もしたくなくて寝てしまいます。辛いです。どうしたら楽しめるでしょうか。

A

そりゃぁ絶対引っ越しだろ

楽しむことができなくなったって、どうしてかな？

疲れてるんじゃない？

うん、疲れてるとすぐ横になっちゃうよね。

それでもなにかやらないとと思うと、いつもやってることをやってしまうわね。

そうするとそんなに楽しくないし。そういうのは年をとったからかな。

だってこのひとまだ若いもの。年をとったからじゃないでしょう。きっと同じ環境に慣れてしまったのかもしれない。

じゃぁどうすればいいんだろう。

アライグマちゃんだったら、絶対引っ越せって言うと思う。

えっ、引っ越し？

うん。

（アライグマくんのところ）

そりゃぁ絶対引っ越しだろ。

やっぱり……。

でも引っ越しってそんな簡単にできるかなぁ。

簡単にできる引っ越しもあるぞ。

どうやるの？

今いるところはそのままにして、とにかく別なところに住むんだ。オレなんか自分の家って四つぐらいあるから。

それはアライグマちゃんだから。

うん。他のひとはどうかなぁ。

なんで？　なんで他のヤツはできないの？

めんどくさいからよ。

たいへんだから……。

めんどくさいとかたいへんだとかばっかり言ってるから、なにも楽しいことがなくなるんだよ。

そうかぁ。

山登りが好きなヤツとか見ると、なんでそんなたいへんでめんどくさいことやるんだろって思うだろ？　で、山登りやってるヤツって楽しそうじゃないか。

確かにそうね。シマリスのおとうさんも昔は山登りが大好きだったの。疲れてボロボロになって帰って来たりするんだけど、また楽しそうに行くのね。あれってなんなのかしら。

自分が好きでやってるたいへんとかめんどくさいってのは、楽しいのさ。

あ、そうかぁ。

ひとに言われたり、やらなきゃいけないめんどうくさいことはイヤなんだね。

うん。だから引っ越しだよ。

でも、このひと引っ越しとかしたくないと思うわよ。

ひとに言われてやるめんどうくさいことになってしまうよね。

うるせえな、こいつら……。理屈ばっかりコキやがって!!

なんか他のことはないかしら。

ないよ。

ないよ、って。

そうだ、旅行だよ！　旅行って小さい引っ越しだよね。

あぁ、なるほど！　旅行はいいかも!!

旅行だってめんどくさいんじゃないの？

あ、そうか。なにもしたくなくて寝てしまうって書いてあるし。

どうしたらいいかしら。

なにもしないで寝てるしかないな。

また、そんな……。

いや、これはな、楽しいことがなくなったんじゃなくて、楽しみたいって気持ちが減ってしまったんだよ。

あぁ、なるほど。

だから、楽しみたいって気持ちが出てくるまで、寝てれば？

それだったらこのひともできるよね。

できるよねって、寝てるだけなんだから。今までと変わらないでしょ。それでもやっぱりなにもする気が起きなかったらどうするの？

そのうちどこかに行くし、またなにかやりはじめるよ。

なんでそんな風に言えるの？

オレもそんな時があったからだよ。なにもしたくなくて寝てるだろ？ そうするとやっぱりつまんないんだよ。こんなのやっぱりつまんないなって気がつくまでは、寝てるしかないんだ。

でも、それはアライグマちゃんだからかもしれないでしょ。このひとはちがうかもしれない。

ちがわない。楽しいことをやりたくないヤツなんていないない。いつまでもそんなことつづくわけないだろ。みんな遊びに行ったり、うまいもの食いに行ったりしてるんだぞ。そうすっと、自分だって楽しみたいって気持ちがまたムラムラ出てきて、絶対ガマンできなくなるから。

う〜ん、これはアライグマちゃんを信じるしかない……。じゃぁ、寝てればいいのね？

そお、そお、そお。

だいじょうぶかなぁ……。

Q

いろんなことにすぐ飽きてしまいます

ひのきばち
20歳　女性　学生

いろんなことにすぐ飽きてしまいます。この前、ついにサボテンまで枯れてしまいました。どうしたら長続きしますか？

A

泳いでる途中で飽きちゃったら溺れちゃうでしょ

すぐ飽きちゃうんだ。

それはふつうでしょ。

でもこのひと、サボテンも枯らしてしまったって。

あははは。サボテンて水とかやらなくても、そんなに枯れないヤツよね。あんまり水とかやらなくてもいいからかえって飽きてしまうんじゃないかしら。

そうか。シマリスくんも飽きる？

飽きるわよ。だって生き物って飽きるようにできてるんだから。

飽きるようにできてるの？

ぼのぼのちゃんは、飽きないことってなにかあった？

う〜ん、ごはん食べるのは飽きないけど。

そおお？　ごはん食べるのも時々飽きたりしない？

飽きる時はあるよね。今日は食べなくてもいいやって思う時はある。

ほら、飽きないことなんてないのよ。ただ続けないといけないからやめたりしないけど。

でも、泳ぐのは飽きない。

そうなの？

飽きたって思ったことがない。

泳いでる途中で飽きちゃったら溺れちゃうでしょ。

あはははは。シマリスくんも木に登るのに飽きて落ちてしまったりして。

あはははは。スナドリネコさんも歩くのに飽きてしまって道で倒れてたりとか。

あはははは。

まぁ、それはいいけど、このひとの悩みね。

うんうん。

長続きしたいのかしら。

ボクさ、長続きすることってなんなのか、わかるんだよね。

ほほ〜、どういうことが長続きするのです？

たいへんな方が長続きするんだよね。

はぁはぁ、それはあるかも。サボテンじゃなくて、もっとめんどくさい植物だったら長続きしたんじゃないかしら。

でもさ、たいへん過ぎると長続きしないんだよ。

ちょうどいいぐらいたいへんだといいのね。

ちょうどいいっていうと、どれくらいかな。

友だちのところまで歩いて遊びに行くぐらい。

散歩ぐらいかな。

散歩も飽きちゃうひとがいるから。

そうか。う〜ん、飽きるってなんなんだろうね。

もういいやって思うんじゃない？

なんで、もういいやって思うかっていうと、もうやったからだよね。

そうそう。もうやったんだったら、もういいでしょ。

もっとやりたいのかな。

もっとやりたいんだったら飽きないでしょ。あははは。

そうか。もっとやりたいのに飽きちゃって困ってるのかと思った。あははは。

このひと、飽きっぽいんじゃなくて、おもしろくなくなったのよ。

そうだよねぇ。おもしろければ飽きないよねぇ。

おもしろくないのに飽きるなって言われても。あははは。

飽きてるのに、それでも泣きながらやってみたらどうなるかな。あははは。

それはそれで別な世界が待ってるかもしれないわね。

へぇ〜、そうかぁ。別な世界ってどんな世界？

ふつうのひとにはわからない世界。

ふつうのひとは飽きるとやめちゃうからね。

うん、そこでやめないで泣きながら続けると、ふつうのひとにはわからない世界に行けるかもしれない。

そんな世界に行けたらもう飽きないかもしれないよね。

ううん、それでも飽きる時は飽きると思う。

それでも飽きちゃったらどうするの？

その時、やめたいかどうかじゃない？

やめたくなかったら？

続けるしかないでしょう。

やめたかったら？

やめればいいのよ。

Q

過不足のない愛って何ですか

とり　22歳　女性　学生

過不足のない愛って何ですかね。

A

ちょうどいいとはちょっとちがうような……

カブソクってなにかな……。

なんだっけ……。多くも少なくもないことかしら。

ちょうどいいっていうこと？

ちょうどいいとはちょっとちがうような……。

ちょうどいいよりも、多いの？　少ないの？

う～ん、少ない方かしら。

へぇ〜、少ないんだ。
うん、少なくてちょうどいいみたいな感じ。
多い方がいいんじゃないの？
多いとちょうどいいってならないと思う。
少なくないとダメなんだね。
そうね、少なくてちょうどいいのよ。
少なくてちょうどいいって、なんだかいいよね。
うん。シマリスもいいと思う。

Q

口が臭いです

口が異常に臭いです。どうしたらいいでしょう？

くまむし
23歳　男性　アルバイト

A

スーハースーハーたくさん息をする

口が臭いんだ。

口の中をよく洗えばいい。

それでも臭かったら？

ミルクでうがいする。

それでも臭かったら？

ミントの葉っぱを噛むのよ。

それでも臭かったら？

シマリスにばっかり聞かないで、ぼのぼのちゃんも考えて。

おとうさんも口が臭い時があるけど、そういう時はたくさん息をするといいって言ってたよ。

たくさん息をする？

うん。スーハースーハーたくさん息をする。

それで口の中の空気を入れ替える？

そうそう。

ぼのぼのちゃんのおとうさんてスゴイ。それでよくなるの？

よくなるって言ってたよ。

そうかなぁ。またすぐ臭くなっちゃうんじゃない？

そしたらまたスーハースーハーたくさん息をする。

もっとほんとの解決法はないの？

おとうさんは口を開けたまま走るのもいいって言ってたよ。

おじさんの話はもういいでぃっす。こういうことはクズリのおじさんが知ってるかもしれないわね。

行ってみる？

（クズリ父のところ）

え？　口が臭いのはどうすればいい？

うん

それは虫歯があるからだろ。

虫歯か。

でなければ歯茎の病気かも。

病気。

もしかしたらお腹の病気かもしれないけど。

どうすればいいのかな。

治してくれるひとがいればいいが。

いないわよねぇ。

いたらいいねぇ。

治してくれるひとがいなかったらどうするの？

本人が考えるしかないんじゃないかね。

本人が考えるって？

あまりひとに近寄らないようにするとか。

絶対口を開けないとか。

誰もいないところで暮らすとか。

先に言ってしまうのもいいよ。「私は口が臭いんです」って。

それはいいわね。

それで臭いって言われたら「ねっ臭いでしょ」って言えばいいし。

そうだ！　誰が一番口が臭いか決めればいいよ。

はぁ？

「口くさチャンピオン」だよ。

「口くさチャンピオン」？

そうか。このひとが口の臭いのを気にしてるのは、自分の口が臭いのをみんなに知られたくないからだよ。

うんうん。それでチャンピオンになったら、もうみんなに知られちゃうよね。

そうそう。みんなに知られたらもう気にしなくなるはず。

でも、そんなことやるかなぁ。

いや、やろうと思った時にこの人はもう自分の口が臭いのをあんまり気にしなくなってると思うよ。

なるほど。

ボクたちも「口くさチャンピオン」やろうよ。

うん、やろう！　やろう！
チャンピオンはたぶんアナグマのオヤジだと思うが。

Q 友達の作り方がわかりません

27歳　女性　英会話講師　ふう

よくぼのぼのは「ともだち」についてのいろいろな「いいなあ」を言っているけど、私には友達って、どうやったらできるのかわかりません。友達ってなんだろう、とも思います。ぼのぼののたちを見ていると、とてもうらやましくて、「いいなあ」と思います。私はもう大人になってしまったので、友達の作り方がわかりません。人の輪に入っていったり、出会いの場に出かけることにも臆病でなかなかできません。どうしたら「いいなあ」と思える友達ができますか？　大人になってしまったからもうできないのかな？

A スナドリネコさんは、友だちっていったら自分かなって言ってた

友だちってどうやったらできるかって……。

シマリスとぼのぼのちゃんは、はじめて遊んだら、次もまたいっしょに遊びたかったのよね。

うんうん。早くシマリスくんと遊びたくてねぇ。朝になるのが待ちきれなかった。

朝ごはんもガツガツ食べちゃって、早く早く遊びに行かなきゃって。

あははは。ボクもまだ憶えてる。楽しかったねぇ。

このひとはそういうことがなかったのね。

それはかわいそうだね。どうしてかなぁ。

う～ん、自分以外の子のことがわからなかったんじゃないかしら。

自分以外の子のことがわからないって？

だって自分以外の子のことなんてなに考えてるのかわかんないじゃない。

うん、ボクもわかんなかった。ボクと同じようにいろいろ考えてるのかどうかもわかんなかったし。

ほんとよね。子どもの時なんてみんな自分のことだってわからないもの。

すごく不安だったよね。こんなことしていいのか、あんなことしていいのか、この子はなにしてるのか、ぜんぜんわかんないし。

それでぼのぼのちゃん見たら、シマリスといっしょに遊んでるのが楽しそうだったんで、すごくうれしかった。

ボクもそうだよ。ボクといっしょに遊んで楽しそうにしてた子ってはじめてだったし。

そこよね。友だちになれる瞬間って。

いっしょ遊んでて自分も楽しいし、相手も楽しそうだったら、絶対友だちになれると思うけど。

うんうん。いっしょになにかするっていうか、遊ばないとね。

このひと、オトナになってからも友だちができるのかって聞いてるけど。

いっしょに遊べばできると思う。

でもオトナって遊ばないじゃない。

うん。遊ぶのもひとりで遊んでるし。

遊ばなくなるから友だちができないんじゃない？

遊ばなくなるのもあるけど、オトナって友だちはもういらないって思うのよ。

遊ばなくなるからいらないの？

っていうか、オトナってだんだんとひとりでも生きていけるってわかってくるから、友だちとの付き合いとかめんどくさくなるのよ。

そうかぁ。オトナになるって友だちがいらなくなることなのかなぁ。そうだ、スナドリネコさんは友だちっていったら自分かなって言ってたよ。

自分が？

うん。自分が自分を一番よく知ってるし、一番助けてくれるって。

どうやったら自分が一番の友だちになれるんだろう。

自分といっぱいお話しするんじゃないかなぁ。そうなったらほんとに友だちはいらないのかもしれないけど。

いらないんだったらいらないでいいんじゃないかしら。無理して作るものでもないし。

ボクさ、オトナになったら、時々会いに行ったり、会いに来てくれる友だちがいればいいって思う。

そうね。いっしょに遊ばなくても。

友だちって、絶対必要なんじゃないかもしれないね。

うんうん、いた方がいいけど。

でも、このひとやっぱり友だちが欲しかったら？

う～ん、友だちって、年が近くて、同じ趣味でっていう友だちばっかりじゃないかも。

年上の友だち？

ぼのぼのちゃんとスナドリネコさんは友だちじゃないの？

えっ、ボクとスナドリネコさんて友だちなの？

シマリスは、ぼのぼのちゃんとスナドリネコさんは友だちだと思ってたけど。

そうか。ボクとスナドリネコさんて友だちだったのかぁ。なんだかスゴイねぇ。

だって友だち同士ってあんまり友だちだって思ってないんじゃない？

そういえば、スナドリネコさんの友だちのスースさんていたよね。スースさんとスナドリネコさんて、何年も何年も会わないけど友だちだよね。

いたわね。スースさん。スースさんはスナドリネコさんを友だちだと思ってたけど、スナドリネコさんはどうかしら。

スナドリネコさんより、スースさんの方が友だちだと思ってたんじゃないかな。

そうよね。友だちって、誰かを友だちだって思うことからはじまるんじゃない？

じゃぁ、自分の家族も友だちだと思えばいいのかな。

おぉっ、そりはスゴイ。

隣のひとも友だち？

うんうん。

ペットも友だち。

そりはそうでしょう。

たいせつなものも友だち。

絶対そうでぃしょう。

でも、相手に「おまえは友だちじゃないよ」って言われたら？

それは友だちじゃないんでしょう。

「うん、友だちだよ」って言われたら？
それはまちがいなく友だちでしょう。

Q

人生が2度あれば

人生！ 送りバント
48歳 男性 公務員

時々、人生が2度あったら。と真剣に思う時があります。1度目の人生は、地道に生活して、結婚して平凡でも幸せな家庭を築いて。2度目の人生は、一生独身で毎日やりたいことをして、悔いのない人生を生きてみたいと思います。こんなことができる方法を知りませんか？

A

これからメチャクチャやりたい放題やればいい

それは誰でも思うよね。

人生が2回あるってわかってたら、全然ちがうでしょう。

3回あるってわかってたら、どうかな。

3回もいらない。

やっぱり2回かな。

1回でよかったって思う時もあるもの。

どんな時？

朝起きて、あ～あって思う時。

あ～あって？

あるでぃしょう。なんのためにいつまでこんなことやらなきゃいけないんだろうって思う時。

うんうん、あるある。

そういう時は人生なんて1回で十分って思うけど。

そうか。ボクもさ、ほんとは1回でいいって思う。このひと、人生を半分に分けちゃえばいいんじゃない？

あぁ、若いうちは地道に生活して、平凡な家庭を作って、年をとってから、メチャクチャやりたいことやればいいわよね。

そうだよ。1回死んじゃうまでガマンしなくていいし。

あははは。あっ、でも、このひともうそんなに若くないのよ。

そうか。遅いのか。

でも、これからメチャクチャやりたい放題やればいいんだから、そんなに遅くないと思う。

やってみればいいんじゃない？

やれるかしら。

やれない？

やれないから、相談してきたんでしょう。

そうかぁ。どうしてやれないの？

そりゃぁ、今までいっしょにいた家族とか友だちに「オレこれからやりたい放題生きるから」とか言えないんだと思う。

あははは。みんなに嫌われる？

うんうん、だから生まれ変わってからならメチャクチャ生きられると思ってる。

生まれ変わったら、忘れちゃってるかもしれないよねぇ。

あははは。それでまたマジメに地道に生きてたりする？

あははは。それでもいいんじゃないのかなぁ。

うん、このひとも、ほんとは今のままでもいいのよ。でも、なんかあるわよね、いきなり目の前にごちそうが出てきたりみたいなことが。

ごちそう!?

このひとオトコでしょ。ある日、すごくステキなオンナのひとが目の前に出てきて、ポワ〜ンとなってしまったら？

あははは。ポワ〜ンと。それでそのひとを連れてどこかへ逃げてしまう？

うんうん。それでなければ、行きたいところに行ったり、食べたいものを食べたりする。

すればいいんじゃないの？

うん。すればいいと思うけど、やれないのよ。

どうしてやれないのかな。

そこよね。

今の方がいいと思ってるんじゃないかなぁ。

おおぉ‼　なるほど‼

そんなことないと思っても、メチャクチャやれないのは、どこかで今の方がいいんじゃないかって思ってるんだと思う。

そうよね。メチャクチャやりたい放題やる方が絶対いいって思うんだったら、やっぱりやるもの。

ほんとだよね。誰でも「あぁ、自由に生きてみたい」って思うけど、やろうと思えばほんとはやれるんじゃないかなぁ。でも、やれないのは、いろいろ考えてみると、今の方がちょっとだけいいかもしれないって思ってるのかもしれないよね。

まったく、まったく。ぼのぼのちゃんの言うとおりでぃす。それでは解決ということで。

でも、このひと、まだ諦めきれないかもしれない。

だったら2度目の人生を期待すればいいでしょう。絶対ないなんて誰も言えないんだし。

そうだよね。みんな2回目なのに、1回目の人生を忘れてるだけかもしれないし。

そうよね。みんな忘れてるのかもしれない。もう17回目の人生とかかもしれないのに。

17回目⁉ あははは。そんなんだったらスゴイよねぇ。でもさ、ボクさ、生まれ変われるんだったら、もう1回同じひとたちが出て来る人生がいい。

ぼのぼのちゃん……。

ボク、変かなぁ。

ううん。なんだか感動したの……。

そおお？

ぼのぼのちゃんて、ほんとに幸せだったのねぇ。

うん。ボク幸せだったんだと思う。

Q

意味があることって何ですか？

21歳　女性　デザイナー　アルパカ

人生死ぬまで暇つぶしなのかと思うと、途端に何もやる気がなくなります。意味があることって何ですか？

A

意味なんてもともと、最初からないいんじゃないかなっていうこと

人生ってヒマつぶしなのかな。

このひと、誰かに言われたんじゃないかしら。

ヒマつぶしだと思ってるひとに？

うん。

自分でそう思ったんじゃなくて？

まぁ、自分でもそう思ってるんだったら、誰かに言われたとかってあんまり関係ないわね。

シマリスくんはヒマつぶしだと思う？

ヒマつぶしだったらいいなぁ、って思うけど。

えっ、ヒマつぶしだったらいい？

うん。ヒマつぶしだって思うには、生きてるのってすごくいろいろありすぎるもの。

そうか。そうだよねぇ。

このひと、どうしてヒマつぶしだって思うのかしら。

う〜ん、なにかイヤなことがあったんじゃないかな。

あははは。最近イヤなことがあったんで人生はヒマつぶしだと思ってる？

ちがうのかな。

ちがうでぃしょうね。

あははは。そうか。

意味があることってなんですか、って書いてある。

なんにでも意味があると思うけど。

そうよね。なんにでも意味があるから、すごくたいへんだと思うのよね。

うん、意味がないんなら、別にやらなくてもいいし。

そうそう、だからシマリスは全部ヒマつぶしだったらいいって思う。

じゃぁ、シマリスくんはヒマつぶしだと思えばいいんじゃない？　すごく楽になって。

あぁ、そうよね。そう考えるとすごく楽。おとうさんとおかあさんの世話とかしなくてもいいし、毎日毎日ごはん食べなくてもいいし、夜だからって寝なくてもいいし、朝だからって起きなくてもよくなる。

なんだかいいねぇ。

うん、すごくいい。でもやっぱり、おとうさんとおかあさんの世話に行くし、毎日ごはん食べるし、夜になったら寝るし、朝になると起きるのよ。

そうかぁ。やっぱりやるんだよね。どうしてやるのかなぁ。

やらないと、みんなが怒り出したり、泣き出したり、悲しんだり、見捨てられたりするから。

そういうのって意味があるの？

どうしてもやってしまうんだから、きっと意味があるのよ。

そうか。意味がないんならやらないよね。

そうそう。やったから意味があるんだと思う。

やったから意味があるの？　どんな意味？

きっとそれなのよね。このひとも「どんな意味？」って思ってるのかもしれないし。

意味ってどうしても必要なのかな。

きっといらないと思う。だけど意味があると安心するひとはいるわね。

楽しいんだったらいいんじゃないかなぁ。

でも楽しいって続かないじゃない？

うん……。

それに悲しい時だってあるし。

悲しいんならいいんじゃないかなぁ。

え？　いいの？

うん、怒ったり、苦しいんなら、いいんじゃない？

どういうこと？

だって意味がないって、楽しかったり、悲しかったり、苦しかったりもしないことじゃないの？

あぁ、そうかぁ。そうかもしれない。だけど、このひとの言ってる意味って、たぶん生きがいみたいなことでしょ。

生きがいか。だから、楽しかったり、悲しかったり、苦しかったり、怒ったりするのが生きがいなんじゃないのかな。

う〜ん、ぼのぼのちゃんはそれでいいけど、このひとの生きがいってなにか達成感があることじゃないかしら。

タッセエカン？

ほら、「やったあぁ」みたいなこと。

あ〜あ〜、そうか。じゃぁ、このひと「やったぁ」って思ったことがないの？

いくらなんでもあるでしょ。

そうだよね。何回ぐらいあるのかな。

知らないけど。

ボクだって、最近「やったぁ」って思ったのは、2ヶ月ぐらい前だよ。

どんな時？

近くの木に鳥が巣を作ってて、のぞいて見たら親鳥が卵をあたためてたんだよね。だけどそのうちいなくなったんで、どうしたのかと思って心配してたんだけど、この前、見たらちゃんと親鳥が帰ってた。

それで「やったあぁ」って思ったと。

うん、うれしかった。

ぼのぼのちゃんて、ほんとに意味があることばっかりなのねぇ。でも、このひとにはそういうことも意味がないことかもしれないわよ。

そうなのかな。じゃぁ、意味なんてないんじゃないの？

それじゃぁ、このひとと同じになっちゃうわよ。

ううん、ボクが言ってるのは、意味なんてもともとっていうか、最初からないんじゃないかなっていうこと。

どういうことにも？

うん。

なんかで優勝したことにも？

うん。ほんとはなんにも意味がないから「優勝」とか決めたんじゃないかなぁ。

ははぁ、なるほど、なるほど。

あっ、もしかすると、このひともそう思ってるのかもしれない。

あぁ、そうかそうか。そうすると、どうすればいいのかしら。

うん、ボク思うんだけど、このひと、なにもかも意味がないって思うんだったら、自分で意味を作るしかないんじゃないのかな。

うんうんうん。誰かが作った意味じゃなくて。

自分で意味を作る。

たいへんよね。

でも楽しそうだね。

どんな意味を作るのかしら。

ボクだったら、なにか生まれることだなぁ。

なにが生まれるの?

だから鳥の卵が孵ってヒナになるとか、魚がいっぱい生まれるとか、ムシがたくさん生まれるとか。

ムシはいいでぃす。木や草が生えてくるんならいいけど。

あとは変なものを作る。

変なもの?

今までなかったもの。

今までなかったものって?

それは自分で考えるしかないねぇ。

楽しそうね。

うん、楽しいと思うよ。

Q

越冬必勝法を教えてください

36歳　女性　専業主婦　ずんこ

駆け落ち同然で彼の住む国にやってきて、結婚・出産を経てもう8年が経とうとしています。5歳の長男は難病を抱え、今も抗がん剤治療を続けています……。がどっこい、私たちは幸せいっぱい、夢いっぱいの笑いが絶えない家族です。で、ご相談の件ですが、この冬の寒さ（マイナス20度）だけはどうしても慣れることが出来ません。森深くに住むぼのちゃんとシマリスくんの越冬必勝法などがあれば是非教えてくださいませ。

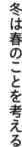

A

冬は春のことを考える

このひとエライよね。

うん。子どもが病気なのに、越冬必勝法を教えてって。ふつうは「子どもが病気です、どうしたらいいでしょうか」だわよね。だけど幸せいっぱい、夢いっぱいの家族だって。

よし。じゃぁ一生懸命越冬必勝法を教えてあげようよ。

一生懸命越冬必勝法を教えるっていうのも変だけど……。

シマリスくんの越冬必勝法は？

シマリスは冬眠するから。

あぁ、冬眠が越冬必勝法。

必勝じゃないけど、冬眠が一番じゃないかしら。外に出なくてもいいし。でもこのひと冬眠できないでしょ。

うん。誰でも冬眠できるわけじゃないから。

寒がりなのをどうにかしたいのね。だったらぼのぼのちゃんじゃない？

ボクの寒がり必勝法は、毛の中に空気をいっぱい入れることだね。

寒がり必勝法っていうか、このひと、毛だらけじゃないでしょ。

うん。誰でも毛だらけじゃないから。

誰でも毛だらけじゃないっていうか、なんだかシマリスとぼのぼのちゃんの越冬必勝法も寒がり必勝法も、このひとには無理なんじゃない？

う〜ん。ボクはさ、寒くても、雪が降ってもよく歩くんだよね。それで寒いのがあんまり気にならなくなった。

この辺も冬になるとマイナス20度ぐらいはなるわよね。

このひとのいるところと同じぐらいだね。

でもこのひとはあんまり外を歩けないでしょ。子どもだっているし。

そうかぁ。どうすればいいのかな。

スナドリネコさんて、南の方から来たんじゃなかった？

（スナドリネコさんのところ）

スナドリネコさ〜ん、ボクだよ〜、ぼのぼのだよ〜。

見ればわかるよ。なんの用だ。

スナドリネコさんて南の方から来たんだよね。それで、このひともきっと北へ行ったひとだと思うんだけど、越冬必勝法を教えてって。

オレは寒がりだよ。

知ってるよ。

だったら、なぜオレのところにそんなこと聞きに来るんだ。

スナドリネコさんは、寒い時どうしてるの？

あんまり外に出ないようにしてる。

他には？

入り口から冷たい風が入る時は枝をとって来て塞いだりする。

他には？

そんなもんだよ。

温泉には行かないの？

行くけど、帰って来るともう寒くなってるしな。

温泉から帰っても寒くならない方法ってないかしら。

ある。

どんな方法？

走って帰って来るのさ。しばらくあったかいぞ。

そりは当たり前でぃしょう。

ボクはね、寒いと海に入るんだよね。海の中の方があったかいから。

そりはぼのぼのちゃんだから。越冬必勝法ねぇ、どうしたらいいのかしら。

オレはな、あんまり寒いと別なところに行くんだ。

別なところ？

（スナドリネコさんの別荘）

ほら、ここだ。

へぇ～、こんなところがあったの？

狭っ。

まぁ、木の割れたところだからな。だけど狭いところだと自分の体温ですぐあったまる。

ここに入ってるの？

うん。風が来る方向とは逆を向いてるから、オレの家にいるよりはあったかいんだ。

じゃぁ、スナドリネコさんの越冬必勝法は狭いところでジッとしてる？

そうそう。じゃぁな。

じゃぁなって、まだ行っちゃダメだよ。ここに入ってみようよ。

なに？　入るのか？

みんなで入ってみましょう。

スナドリネコさんから。

よし、入ったぞ。

ではボク。

最後にシマリス。よいしょっと。

……。

……。

……。

狭いな……。

こうやってジッとしてるの？

うん。寒い時は寒いんだからガマンするしかないだろ。外に出ないでジッとしてるんだ。

ジッとしてるだけ？

いろいろ考えるのさ。

なにを考えるの？

う～ん、楽しいこと。

楽しいことってどんなこと？

いつか見たあったかいところの景色とか。春になったらなにをしようとか。

ほんとにそんなこと考えてるの？

ほんとだよ。春になったらなにを食おうとか。

春になったら誰のところに行こうとか。

うんうん。

それだったらボクもあるなぁ。むかし見た湖に行ってみようとか。

うん、シマリスもある。シマリスは毎年、どこか旅に出ようって思う。

どこに行ったの？

ううん、思うだけで行かない時の方が多いけど。

そうかぁ、冬は春のことを考えるのか。

それが越冬必勝法？

オレはそうさ。冬は春を想ってジッとしている。

あれ？　なんだかあったかくなってきたね。

ほんとほんと。あったかい。

それで春になったらどうするの？

そこに行ってみるのさ。

いいねぇ。

うん。

Q

彼を忘れられません

さち　27歳　女性　事務員

7年付き合っていた彼が亡くなり2年経ちました。

初めてお付き合いした人だったこともあり未だに彼と過ごした日々を思い出したりしてしまいます。その上食べ物一つとっても彼はこの料理が好きだったな、または彼は苦手そうにしてたな、と連想ゲームのようになり最後は彼のことに。彼を忘れることは出来そうにありません。

これから私はどう生きていけばいいのでしょう。

A

思い出って森に積もる枯れ葉みたいよ

恋人が亡くなってしまったんだ。

かわいそう。

そりゃぁ忘れられないだろうね。

うん。忘れられないでしょう。

いつか忘れられるかな？

そういう恋人のことを忘れられるひとはいないのでは？

そうだよね。忘れてもまた思い出すし。

うん。忘れても思い出すし、思い出してもまた忘れてしまう、この繰り返しなんじゃないかしら。

それだといつまでも苦しいよね。

でもこのひとは「苦しい」って書いてないわよ。

じゃぁ、苦しくないのかな。

思い出して泣きそうになる時もあれば、苦しくなる時もあれば、うれしくなる時もあると思う。

うれしくなる時もあるんだ。

そりゃぁ、あるわよ。だから、忘れられないひとがいたなんて幸せなことでもあるんじゃない？

そうだね。忘れられないひとがいなかったって、一番かわいそうだよね。

思い出って森に積もる枯れ葉みたいよ。

あぁ、枯れ葉。

うん。枯れ葉って毎年毎年落ちて積もるでしょ。

うんうん、どんどん積もってフカフカになる。

2年前の枯れ葉だけいらないから捨ててしまいたいって思ってももう分けられないでしょ。

うん。いつの枯れ葉かわからないぐらい混じって積もってるし。

思い出は枯れ葉みたいなんて、誰でも言いそうなたとえかもしれないけど、ほんとに毎年積もっていく枯れ葉に似てる。

どんどん積み重なっていくうちに、2年前の枯れ葉もそのうち見えなくなってしまうかもしれないよね。

ううん。そんな枯れ葉があったことは忘れないの。

えっ、そうかぁ。見えなくなっても憶えてるのかぁ。でもどんどん積もると、枯れ葉って土になってしまうじゃない？

ううん。土になってしまってもその枯れ葉のことは思い出すし。

じゃぁ、一生思い出す？　忘れない？　忘れても忘れても思い出す？

じゃないかしら。

どうすればいいのかな。

毎年枯れ葉が積み重なるのに任せるしかないでしょう。

どういうこと？

生きていけばいいっていうこと。

ず～っとつらいままだったら、どうするの？

う～ん、さっきも言ったように、思い出してつらいことや苦しいことばっかりじゃないでしょう。うれしくなる時だってあるし。それに、今思い出してつらいからって、これからもず～っとつらいままかどうかはわからないもの。

つらくなくなる時が来る？

シマリスが子どもの時に感じてたことって、今思うとそうじゃないことってたくさんあるわよ。アライグマちゃんやアナグマちゃんだって最初は怖かったけど、今は友だちでしょ。

そうか。今と同じことばかりじゃないよね。

それに、ほんとに忘れられるようなことが起きるかもしれないし。

それって、どんなことかなぁ。

わからないけど。

そうだね。

とにかく毎年毎年枯れ葉が積み重なるのよ。

それでフカフカになっていく。

そうそう。フカフカになっていくの。

このひと、フカフカなひとになれるかも。

あははは。フカフカなひとになれたら、恋人の思い出もきっとたいせつにするでしょう。

そうだね。

Q

妻が24年間嘘をついているかもしれません

Kamiyabou
45歳　男性　パート

妻が付き合い始めてから24年ほど私についている嘘がありそうなんですが、これって受け入れていいんでしょうか？　ちなみに今私が幸せかどうかは疑問です。金はないです。

A

だからこのひともガマンすると思う

なんだろうね、このウソって。

あははは。気になるわね。

このひとの気のせいだっていうこともあるよね。

そうでしょう。だって奥さんに確かめてないんだから。

「ちなみに今私が幸せかどうかは疑問です」って？

幸せだったら許してもいいけど、っていうことじゃないかしら。

「カネはないです」って？

なに言ってんだかよくわからねいでぃす。

結局、このひとウソつかれてるかどうか確かめるのが怖いんじゃない？

うん、24年間そのままだったんだから受け入れるしかないんじゃないかしら。

どんなウソかなぁ。

浮気？

生まれたところをウソついてたのかもしれないよ。

生まれたところって？

森の中で生まれたって言ってたのに、ほんとはベチャベチャなところで生まれたとか。

いいじゃない、ベチャベチャなところで生まれたって。

ほんとはヘビの仲間なのに、シカの仲間だとか言ってた。

そんなの見てわからない方が悪いわよ！

このひとの食べ物を毎日盗んで食べてた。

「こらぁ」って怒ればいいでしょ!!

う〜ん、なんだろうね、奥さんのついてたウソって。

別につき合ってたひとがいたんじゃない？

そお？
それ以外考えつかないけど。
あっ、別に子どもがいた。
あ〜、それはあるかもしれないけど。だから浮気でしょ。
でも別なひとを好きになるってしょうがないんじゃない？
しょうがないっていうと、いいのでは、ということ？
他のひとを絶対好きになるなって無理だと思う。
それはそうだけど、子どもがいるかどうかは別でしょ。
うん、そうだねぇ。
このひと、奥さんのウソばかり言ってるけど、自分のウソはないのかしら。
うんうん。なにかあるよね。ほんとは足の裏にイボがふたつあるとか。
いいじゃないの、イボぐらい。
ほんとはミミズの仲間なのに、ウシの仲間だとか言ってた。
見たらわかるでぃしょ！
ほんとはブタペという名前なのに、ポトピという名前だとか言ってた。
どっちだっていいでぃしょう!!
でも夫婦って、そんなに幸せそうじゃないのに、どうしていっしょに暮らしてるのかなぁ。

それが一番の謎よね。

幸せな時はあったのかな。

それはあったでしょう。

でも幸せじゃなくなってもまだいっしょに暮らしてる？　どうして？

また幸せな時が来るかもしれないと思ってるのかも。

そうか。そう考えるとなんとなくわかる。

うん、また幸せな時が来るかもしれない、って思いながら暮らしてるって、なんだか少しいいでしょう。

うんうん。幸せだった時を思い返しながら暮らしてるっていうのもいいよね。でも、今も幸せなのが一番じゃない？

それはそうだけど、それは理想だから。シマリスのおとうさんとおかあさんを見ていると、夫婦って理想が崩れてもどこまでガマンできるかみたいな感じがある。

ガマンできなくなったら？

そりゃぁ別れるでしょう。

それは悪いこと？

いいことじゃないけど、悪いとも言えないし、しかたないんじゃない？

でも子どもがいたら、子どもも悲しい気持ちになるよね。

そうね。本人たちは自分たちの問題だからいいけど、子どもは巻き込まれるわね。だからみんな子どもがいると、もっとガマンするのよ。

ボクたちってガマンばっかりしてるんじゃない？

うん。そうよねぇ。みんなガマンばっかりしてる。

なんでガマンするのかなぁ。

ガマンしないと、もっと悪いことになりそうだからでしょう。

そうか。もっと悪いことになりそうな気がするんだ。

だからこのひともガマンすると思う。

奥さんのウソを受け入れる？

そうそう。

ボクたちってきっとガマンが得意なんだね。

そうかも。

Q おかあさんと うまくいかなくなってきました

しゅりんくっ
26歳 女性 編集

大人になるにつれ、お母さんとうまくいかなくなってきました。私はくよくよ、のんびり。お母さんはハキハキ快活。心が通じ合わなくなって、言っていることも理解できなくて悲しくなります。どうしたらいいですか？

A かあちゃんと殴り合ったわけじゃないだろ

オトナになるにつれておかあさんとうまくいかなくなってきたって、どうしてかな。

そりゃぁ子どもの時はだいたいうまくいくでしょ。

おかあさんの言うとおりにやってたから？

でなければ、おかあさんが子どもの言うことを、なんでも聞いてくれてたのかもしれないし。

そうか。オトナになるとうまくいかなくなってくるんだ。

シマリスもおかあさんとうまくいってるかと言うと、そんなことないもの。

でもシマリスくんはおかあさんの世話もしてるよね。

やるしかないからよ。

ほんとはいや？

親の介護が好きなひとはいねいでぃしょう。

そうなんだ。

シマリス思うに、おかあさんとうまくいかないのなら、家を出て暮らせばいいのでは？

出られない理由があるのかもしれないよ。

どんな理由です。

やっぱりおかあさんのことが好きなのかもしれないし。

いつでも会えるぐらいのところに引っ越せばいいのよ。

そうするとどうなる？

少し落ち着くと思う。

そうか。いつも顔を合わせてるから、いやになるのかもしれないよね。

ていうか、いつも顔を合わせてたら誰とだっていやになるものよ。

このひと出て行けるかなぁ。

出て行けなかったら、あとはなにを言われても気にしないことね。

でも、気にするんだよね。自分のこと「くよくよ」って言ってるし。

おかあさんは「ハキハキ」ね。このひと、もしかしたら、おかあさんとケンカしたばっかりじゃない？

あぁ、そうかもしれない。シマリスくんのおかあさんはどんなおかあさんだった？

ふつうよ。ふつうにかわいがってくれたし、ふつうに怒られたし、ふつうにケンカしたし。

おかあさんのこと好きだった？

好きだけど、ふつうだからよくわからない。自分の親のことなんて、みんなよくわからないんだと思ってたけど。

ボクもね、おかあさんのことはよくわからない。

おとうさんのことは好き？

好きだよ。（キッパリ）

あははは。やっぱり。シマリスのおかあさんはふつうで、ぼのぼのちゃんのおとうさんは変わってて、どっちかだといいのかしら。

あぁ、ふつうか、変わってるか？

うん。あんまりしっかりしたおかあさんだとよくないのかも。

そうかな。ボクさ、合うか合わないかだと思うけど。

相性？

そうそう、相性。

そうかもしれないわね。だから相性が悪くなったら、離れてみるのがいいのよ。だって親子だからって必ずうまくいくもんじゃないんだから。あ、そんなこと言ったら、アライグマちゃんのところなんかどうなるのかしら。

あぁ、そうだよねぇ。

（アライグマくんのところ）

なんだよ、めんどっくっせぇ～！　また来たのかよ～!!

ごめんね、ごめんね。

ほんで今日はなんだよ～。

このひと、おかあさんとうまくいかなくなったんだけど、どうすればいいでしょうかって。

なになに？　心が通じ合わなくなった？　そんなの当たり前だろ。

アライグマくんのところはおとうさんと心が通じ合ってる？

通じ合ってるわけねえだろ。

でもアライグマちゃん親子はどこかで通じ合ってる感じがするの。

どこで？

どこでって言われるとわかんないけど……。

ボクもアライグマくんのところはどこかで心が通じ合ってると思う。

どこで？

どこでって言われるとわかんないけど……。

同じこと言うなあぁぁ!!

（げっつ〜〜〜〜ん）

いたたたた。

ったく。じゃぁ聞くけどよ、心が通じ合ってるってどういうこと？

どういうのかなぁ、お互いのことをわかってる。

まぁ、だいたい考えてることとかはわかるよ。今日の晩飯はなんだろうとか、だいたい当たるから。だけどそりゃぁ当然だよ。家族なんてず〜っといっしょにいるんだから。

それはそうよね。じゃぁ心が通じ合ってるって、別なことかしら。

お互いを好きなんじゃない？

好きじゃないよ。オレ、世の中で一番嫌いなのはオヤジだぞ。

ほんと？

ほんとだよ。昨日、またケンカしたから、ほんと嫌いだよ。

アライグマくんは、このひとどうしたらいいと思う？

別に今のままでいいんじゃない？

え？　でも、どうしたらいいんですかって言ってる…。

なんかさ、困ったことが起きるとさ、すぐなにかしようとか、どうにかしなきゃいけないとか考えすぎ。

あ〜、それはあるかも。

これ、かあちゃんと殴り合ったわけじゃないだろ。

殴り合ったりはしてないけど。

じゃぁ、まだまだ大丈夫。

なにもしなくてもいいの？

なにが起きるかもう少しよく見てろよ。

おかあさんとほんとにケンカになったらどうするの？

ケンカしろよ。ケンカしないから心が通じ合わないとか思うんだよ。

ケンカしたら心が通じ合うの？

少なくとも今よりはな。

でも、ケンカばかりして、話もしなくなるかもしれないよ。

それでもなにが起きるか見てろよ。次にどうなるかよく見とくんだよ。

このひと、家を出てしまって帰って来なくなったら、どうするの？

そりゃぁさ、自分でそう決めたんだから、それでいいだろ。

それってハッピーエンドじゃないのね。

ハッピーエンドで解決つくことなんてないんだよ。なにか変わったり、なにかなくなったり、なにか増えたりするだけだろ。そこで自分が「まぁ、いいか」って思えるかどうかだよ。

うんうん。そうよね。

それにさ、「まぁ、いいか」って思ったところで終わりじゃないんだよ。

まだつづくのね。

そうそう。ず〜っとつづく。「まぁ、いいか」が、「頭に来た」になったり、「おっ、いいじゃん」になったりする。ハッピーになってもエンドじゃないのさ。

おおぉぉっ!! アライグマちゃん、スゲい!! ハッピーになってもエンドじゃないって、これ名言じゃない？

いやいやいや、おまえバカにしてないか？

してませんっ。

そうかそうか、だったらいいけどな。ふふふ。


（うしろから）

ぷっ。なぁにが「ハッピーになってもエンドじゃない」だよ。

あっ、オヤジ……。

なにエラそうに説教コイてやがるぅ!! オレはなぁ、自分のガキが誰かに説教たれてるのもイヤなら、それをうしろから見てるのはもっとイヤなんだよぉ。だけどぉ、なにが一番嫌いかって言うとなぁ、その説教にちょっと感動してる自分だよおぉぉぉ!!

（ずっげ〜ん）

いってててて!! 感動したのになんでオレを殴るんだよぉ!!

なんでって、誉めてやったんだよ。

誉めるのに殴るのかよぉ！

オレはなぁ、誉める時は殴るんだよ!! また誉めてやるぞぉ!? いいかぁ!?

いいよ！ 誉めてくれなくて!!

だめだ!! おっらあぁぁぁ!!

（ぼっげ～ん）

あたたたた!!

どうだ！　オレに誉められてうれしいかぁ!?

うれしいわけねえだろ!!

（うしろで）

う～ん、これって、まちがいなく心が通じ合ってるのでは？

うんうんうん。

Q

人付き合いが苦手です

佐知子　34歳　女性　主婦

人付き合いがもともと苦手なのですが、息子が小学校に入学してママ友との付き合いが苦痛で困っています。生徒数が少なく1学年1クラスの学校なので、これから6年間一緒です。断ることも出来ず、誘われて出掛けては終日愛想笑いで乗り切っています。ぐったりして帰ってきては、主人に愚痴を聞いてもらっていますが、こんな性格をどうやって直したらいいでしょうか？

A

なかよくなれそうなひとを見つけるんだよ

ひと付き合いって、ボクも苦手だよ。

シマリスも。

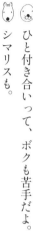

得意なひとっているのかなぁ。

そりゃぁいるでしょ。そういうひとって、わざわざ家にまで行っておしゃべりするのよ。

おしゃべりが楽しくなると、ひと付き合いも楽しくなる？

なるかもしれないけど、誰とおしゃべりするかじゃない？

嫌いなひととはやっぱりイヤかな。

そりゃぁイヤよ。嫌いなひとって、会うだけでもイヤでしょ。

そうだねぇ。これから6年間みんなといっしょって、たいへんだよね。

6年間って長いわよね。でも6年あったらなんだって起きるんじゃない？　誰かとほんとの友だちになれるかもしれないし。

そうだよね。ひとりだけじゃなくて、5人ぐらい友だちが出来たりするかもしれない。

5人もいらないでしょ。

友だちは多い方がいいんじゃないの？

そうかしら。シマリスは、ぼのぼのちゃんの他にひとりふたりいればいいけど。このひとも旦那さんにグチを聞いてもらってるって書いてあるわよね。いいんじゃないの、旦那さんがいれば。

うんうん、旦那さんと友だちになる？

ていうか、旦那さんて友だち以上でしょ。

そうか、じゃぁいいよね。

だけど、これからもあんまり好きじゃないひとたちと会わなければいけないんで、それがイヤなのね。

その時は帰ってからまた旦那さんにグチを聞いてもらえば？

旦那さんだっていつまでもグチを聞きたくないと思う。

う〜ん、やっぱりひと付き合いが得意なひとに聞いてみようよ。

（クズリ父のところ）

ん？　ひと付き合いが苦手なひとはどうすればいい？

うん。このひと困ってるから。

いや、私だってひと付き合いは苦手だよ。

え？　おじさんが？

出来るなら、誰とも会いたくなんかないさ。

こんな性格をどうやって直したらいいんでしょうか、って書いてあるけど。

直さなくたっていいよ。ひと付き合いなんてみんな嫌いなんだから。

でも、おじさんは誰かの家に行ってまでおしゃべりしたりするのでは？

そりゃぁ行かなきゃならないから行くんで、好きで行ってるわけじゃないよ。

なんで行くの？

みんな元気かどうか、困ってることはないか、なにか変わったことはないか、いろいろ知っておかなきゃならんのでね。

だから無理して行ってる？

あぁ。

ほんとに？

そうだよ。そんなことしなくてもいいんなら、家でのんびり昼寝してるよ。

でも、おじさんはこの前、昼寝してたよ。

そりゃぁ昼寝ぐらいするさ！　私が言ってるのはね、行かないといけないから、みんなのところに行ってるということ。

どうして行かなければいけないのです。

そりゃぁ、誰かが病気になってたいへんなことになったらどうしよう、誰か困ってたいへんなことになったらどうしよう、なにか変わったことがあってたいへんなことになったらどうしよう、と思うからだよ。

たいへんなことにならないようにするためにみんなの家を回っていると。

そうそう。たいへんなことになったらイヤだろう。このひとだって、行かないとたいへんなことになるかもしれないから、イヤイヤ行くわけだろ。イヤイヤ行くしかないんじゃないの？

でも6年間ですよ。

6年間もイヤイヤ行ってたら慣れちゃうよ。

それはあるかもしれないわね。

私なんか、はぐれ山の木を8年間、毎日切りに行ったもんだよ。

なんでそんなことを？

そりゃぁ木が増えすぎて枯れはじめたからだよ。

へぇ〜。

もう毎日ヘトヘトだった。手はボロボロになったし、木から落ちたことも3回ほどあった。木の下敷きになったことも2回あったな。それと比べたら、ひと付き合いが苦手なぐらい、なんだっていうの。

いやいや、それはちがうでしょう……。

あと、崖から落ちて足を痛めた時、春夏秋冬11年間毎朝、下の冷たい湧き水に足をつけに行ったもんだよ。冬なんて冷たいなんてもんじゃない。息が止まるぞ。足もシモヤケになるし。あのつらさに比べたら、ひと付き合いが苦手なぐらいなんてことないだろ。

でも、それは……。

それと、逃げてしまった奥さんを捜して、7年間、いろんなところをさすらったよ。よそ者だと言われてはいじめられて、シロクマに食われそうになるわ、氷の海に落ちて心臓が止まるわ、食べるものがなくて、体重が半分になってしまったこともあるよ。あの苦しさに比べたらひと付き合いがつらいって？　ふざけんなって!!

だからそれはわかりまっす！　でも今そんなこと言ってもしょうがないでしょう！

なんで？　なんでしょうがないの？　私はね、ヒグマの大将が山に引っ込んでしまった時だって、5年間毎週47キロ、往復94キロの道のりを歩いて大将に会いに行ってたんだぞ！お陰で今ではヒザがガタガタだよ！　それに比べたら、ひと付き合いがつらいぃぃ!?ふざけんなあぁぁぁ!!

おじさん、おじさん。落ち着いて。

いいかぁ？　苦労なんて相対的なもんさ。ひと付き合いを克服したかったら、もっともっとつらくてひどい目に遭ってみることだよ。そしたらひと付き合いなんて、毎朝ウンチする程度の苦労でしかないんだよ!!　わかったかぁぁ!?

はいはいはいはいはいはい。わかりましたぁ。もういいでぃっす。帰りまっす。

うんうん、帰ろうか。

待て……。

え？

ひとつだけアドバイスをやろう。そのママさんたちの中にひとりだけでいいから、なかよくなれそうなひとを見つけるんだよ。

ひとりだけでいいの？

うん。それでだいぶ変わるから。

そのあとは？

知らないよ。今よりはマシになるよ。

そうか……。

そうなんだ……。

うん。

ありがとうございましたぁ。

おじさん、ありがとう。

Q 神様っているんですか？

45歳 男性 アルバイト

神様っているんですか？ 必要なんですか？

A ボクもいると思うなぁ

神様かぁ。シマリスくんはどう思う？

いないと思うけど、いないことにすると説明がつかないことが多すぎるわね。

じゃぁいる？

いることにしても説明がつかないことが多すぎるのね。

じゃぁどっち？

う〜ん、なんにも証明しなくてもいいんなら、いる方。

ボクもいると思うなぁ。

どうして？

だってボク、自分で自分を作ったんじゃないもの。

おかあさんが作ったんでしょ。

でも、おかあさんもきっと自分が作ったって言わないと思うよ。

あ〜、なるほど。きっと言わないわね。自分が産んだとは言うかもしれないけど。

うんうん。作り方なんてわかんないし。

そうねぇ。ほんと不思議ね。作り方なんてわかんないのにお腹の中で大きくなるんだから。

ねぇ〜。

ねぇ〜。

おかあさんのお腹の中で誰が作ってるの？　って思うし。

う〜ん、やっぱり誰かが作ってるって思うわよね。

もし、誰も作ってなくて、勝手に出来るんなら、やっぱり作ってるのは神様だと思わない？

そうよねぇ。他に誰かいるっていうか、実は神様の他に「ムベンバ様」っていうのがいるんだ、とか言われたらわかんないけど。

ムベンバ様？　あはははは。ムベンバ様ってなにしてるの？

心臓とか動かしてるの。

あぁ、心臓かぁ。心臓だってボクたち自分で動かしてないものねぇ。

そうそう。誰が動かしてるのか不思議でしょうがない。自分で動かしてないから、いつ止まってしまうかわからないし。ほんと、ぼのぼのちゃん、さっき自分で自分を作ったんじゃないって言ったけど、自分で自分を動かしてる感じもしないわよね。

食べ物をとったり食べたりするのはボクたちだけど、食べ物を消化するのだって、ボクたちやってないもの。お腹すくのだって、ボクたちやってない。

そうよね。誰かがやってくれてる。そっちはムベンバ様じゃなくて、「カンペロ様」かもしれない。

あはははは。カンペロ様。それはやっぱり体がやってるんだろうけど、体って不思議だね。なんで全部やってくれてるんだろう。

ほんとほんと。変なこと思いつくのだって、なんでそんなこと思いついたのかわかんないし。

考えたこともないことが、いきなり頭に浮かぶよね。あれってなんなんだろうなぁ。

考えるのも誰かがやってくれてるみたい。そっちは「スケッペ様」とかいるのかも。

あはははは。スケッペ様。やっぱり神様っているんじゃない？

神様でなくても誰かがいると思う。

そうそう。誰なんだろう。

だってこの森だって、こんなにきれいで、汚くて、臭くて、おもしろいもの。

そうだね。ちょっと地面を掘っただけでも、そこにちゃんとムシがいるし。

ムシなんかどうでもいいでぃっす!!　なにが一番不思議って、この世の中ね。誰が作ったのかもわからないのにあるし、そこでみんな平気で生きてるってのが信じられない。

そうだよね。いつ死んじゃうのかもわからないのに。

ほんと。みんな必ず死んじゃうのに。

でも、ほんとに死んじゃうのかなぁ。

え？　死なない？

ボクたちが思ってるような感じで死ぬんじゃないかもしれないよ。

別な感じ？

うん。だってなんだかこの世界って、え～と……、すご過ぎるって言うか……、なんて言うのかな……、カンゼン？

完璧？

そうそうそう!!　カンペキ!!

ていうか、完璧過ぎるわよね。

そう‼　誰かが作って出来るもんじゃないぐらいカンペキだけど、誰かが作らないと絶対出来ないぐらいカンペキだと思うよ。

おおおぉぉぉ‼　ぼのぼのちゃん、スゲェい‼　こりは名言でぃすね‼

だからこの世界ってボクたちには理解出来ないぐらいカンペキなんだよ。

うんうんうんうん。シマリスなんだか泣けてきた……。

そんなにカンペキなのに、ボクたちが思ってるように死ぬかなぁ。

ほんとね、ほんとね。まったくでぃす。

じゃぁ、このひとの相談はこれでいいかな。

あ、このひと、神様っているんですかだけじゃなくて、必要なんですか、って書いてある。

必要なひとには必要だと思う。

そうね。必要なひとは信じればいいし。

うん。だってほんとに誰かいるんだから。

Q 娘が無職の男と付き合い始めました

みるみる
41歳　女性　主婦

20歳の娘が無職の男とお付き合いを始めました。夫は断固反対！　私は娘の人生だものと思いますが。母親として間違ってますか？

A おかあさんがいろいろ娘さんにアドバイスしてあげれば？

おかあさんまちがってないよね。

そうね。

ムショクって働いてないっていうこと？

だと思うけど。

働いてないのがよくないんだ。

他にもなにかよくないことがあるのかもしれないけど。

この男のひとがどんなひとなのかわからないよね。

娘さんがどんなひとなのかもわからない。

おとうさんもどんなひとなのかわからないし。

このおかあさんだってどんなひとなのかわからないもの。

相談って、むずかしいね。

うん、ほんとはこんなこと誰もやれないのでは？

そうか……。でもなにか答えてあげないと。

う～ん……、結婚するとか言ってるわけじゃないんだから、別にいいでしょう。

結婚するんだと問題なの？

結婚してしまうと、簡単には別れられないもの。

そうなんだ。

おとうさんは反対なんだから、おかあさんがいろいろ娘さんにアドバイスしてあげれば？

そうだよね。それで娘さんが幸せそうだったら、おとうさんも認めてくれるかもしれないし。

そうそう。それでいいんじゃないかしら。

おかあさんはどんなアドバイスすればいいの？

いや、それはわからないけど……。

幸せになってね、とか。

いや、それってアドバイスでもなんでもないでしょ。

あ、感想？

感想じゃなくて、願望でしょ。

そうか。むずかしいね。

むずかしいって、さっきも言ったわよ。

そうだっけ？

う～ん。やっぱりね、娘さんがうまくいかなかったら、どうするかよね。

あ、そうか。

うまくいくのとうまくいかないのとでは、うまくいかない方が多いでしょ。

うまくいかなかったら、別れればいいんじゃないの？

それはそうだけど、うまくいかなかったら傷つくでしょ。

うんうん。

その時、娘さんひとりで立ち直れればいいけど、それはわかんないし。

そういうのもおかあさんは考えてるんじゃない？

そうね。うまくいかなかった時のこともたぶん考えてると思うけど、おかあさんは、うまくいかなくてもいいって思ってても、娘さんはちがうかもしれないし。

悲しむ？

そりゃぁ悲しむでしょ。あっ、なんかシマリス、このおとうさんが思ってるのと同じこと言ってるかもしれない。

そうだねぇ。このおとうさんも同じこと考えて心配してるのかもしれないね。うまくいかなかったら悲しむだろうって。

でも、考えてみると、それって無職のひとが相手だから悲しむわけじゃないわよね。どういうひとが相手でも、うまくいかなければ悲しむだろうし。

うんうん、そうだね。

そうか。どういうひとが相手でも、うまくいかなければ悲しむのね。この男のひとと付き合わなければ、このあとの娘さんの人生がうまくいくってわけでもないし。

そうだよね。だからムショクって関係ないんじゃない？　それに娘さん今は楽しいんじゃないかな。

そうね。楽しいでしょう。

ボクたち、うまくいかなかった時のことばっかり考えてたよね。

そりゃぁうまくいったら、なにも問題ないもの。おかあさんもニコニコして見てればいいだけでしょ。ほんとに、そうなればいいけど……。あっ、なんかシマリス、おかあさんのこと心配してない？　娘さんじゃなくて。

う～ん、相談てむずかしいねぇ。

むずかしいって言うの、もう3回目よ。

Q

バカになる方法を教えてください

38歳 男性 福祉業 あっきぃ

心からバカになれません。たまには酔って、はめをはずしたいのですが、理性が邪魔をします。バカになる方法を教えてください。

A

バカってカッコイイから

バカになる方法って？

要するにハメを外せないのね、このひと。

わいわい騒げない？

そうそう。

なんでバカになりたいの？

みんなと同じようにバカになって騒ぎたいんでしょ。

バカになりたいんじゃなくて、みんなと騒ぎたいんだよね。

そうそうそう。

バカになりたいのかと思った。

あはははは。

あんまり騒がないひとと友だちになればいいんじゃない？

それはそうだけど、ほんとにバカになって騒ぎたいのかもしれないし。

う〜ん、バカになる方法か……。

（フェネックギツネくんのところ）

なんでボクのところに来るの!!

いや、フェネックギツネくんて、すごく明るいし、わいわい騒げるよね。

そうそう、歌もうたうし。

なんかボクがバカみたいじゃない。

そんなことはないよ。

「そんなことはないよ」って言われると、かえって腹が立つんだけど。

まぁまぁ、フェネギーちゃん。「バカになる方法」じゃなくて、「バカになれる方法」

を教えて欲しいのよ。

うんうん。「バカになれる方法」って言ってくれればちょっとマシかな。「バカになる方法」じゃぁ、まるでボクがバカみたいじゃない。

ごめんね。

でもさ、このひと、バカになると楽しいって思えないと、無理だと思うよ。

あぁ、バカになると楽しいと思えないと、バカにはなれないっていうこと？

うん、バカになると楽しいって思えないひとがバカになると、すんごくヘコむと思う。

あははは。それはそうよね。じゃぁバカになると楽しいっていうのはどうすればいいかしら。

ボクさ、１００メートルダッシュできないひとは、無理だと思うんだよね。

１００メートルダッシュ？

うん、いきなりやるんだよ、１００メートルダッシュ。

どうやればいいの？

どうって、いきなり１００メートルダッシュすればいいの。いいい？　やってみせるよ？

うん。

がああああぁぁぁぁぁぁぁ!!

（ダダダダダダダダダダダダダダダダダダダダダダダダダダダダ）

はぁ、はぁ、はぁ、はぁ。

フェネックギツネくん、どうだった？

いや「どうだった？」ってボクに聞いてどうするの!!　とにかく、これをやれないひとは絶対バカになれないから。

あぁ、なんかわかった。いきなり全力で走れって言われても、走れないひとっているわね。

そうそう。しかも誰か見てる前で。

ボクは走れるよ。いいい？

わああぁぁぁぁぁぁぁぁぁ!!

（デデデデデデデデデデデデデデデデデデデデデデデデデデデデ）

はぁ、ふぅ、ふぅ、ふぅ、はぁ。

うんうん、走るのは遅いけど、ぼののくんもバカになれると思うよ。

シマリスくんもやってみたら？

いや、シマリスはいいです。

シマリスくんはやれないの？

やろうと思えばやれまっす！

おりゃやあああぁぁぁぁ!!

（タタタタタタタタタタタタタタタタタタタタタタタタタタタ）

速っ!!

どうでぃすか。やれたでしょう。

よ〜し、だいじょうぶ！　みんなちゃんとバカになれるから！

いや、バカになりたいのはシマリスたちじゃなくて、このひとです!!

あぁ、そうかそうか。そうだったよね。

なにかバカになれる訓練はないの？

だから今の「100メートルダッシュ法」ね。それと「いきなり爆笑法」っていうのもある。

それはどんなの？

これもいきなりみんなのいる前で、すごい大声でゲラゲラ笑い出すの。

じゃぁ、まずボクがやってみるからー。

いやいや、ぼのぼのちゃんはやらなくていいのでぃっす！

あ、そうか。

他には？

「突然木登り法」もあるよ。いきなり木に登り出すの。

う〜ん、それもちょっときびしいですね。

うん、知らないひとが見たらバカだと思われる。

ま、それはこのひとに練習してもらうとして、なぜハメを外せないのかしら。

う〜ん、それはひとそれぞれだからさ。このひと理性とか言ってるけど、理性は関係ないよ。バカだって思われたくないだけだよ。

じゃぁ、ハメ外せるひとって……。

バカだって思われたいんだよ。

なんでバカだって思われたいのかしら。

バカってカッコイイから。

バカってカッコイイの？

うん、常識にとらわれないヤツだから。

おおぉ、ジョーシキにとらわれないヤツ！

このひとさ、バカを見てカッコイイって思ったことがないんだよ。たぶん。

カッコイイバカを見たら、バカになれる？

なれるかもしれないね。

カッコイイバカって誰かいないかしら。

いないことはないよ。

（ダンガリ崖の下）

ここでなにするの？

ヤギ次郎ってヤギのおじさんが、ここで崖落ちをしているんだよ。

崖落ちって？

足にヒモをつけて崖から飛び降りるの。ヒモの長さは崖の高さギリギリだから、飛び降りると地面スレスレで止まるんだよ。

えぇっ、あぶないんじゃないの？

みんなあぶないからやめろって言ってるんだけど、「オレは好きでやってるんだから」って、毎日ひとりでやってるんだよ。

それカッコイイの？

ボクはさ、カッコイイって思ったことあるよ。

へぇ〜。

ほらほら、ヤギ次郎さんが出て来た。

あっほんとだ。

あんな高いところから飛ぶの？

ほらほら、やるよ。

うわぁ、あぶないよ。

（だっ）

あっ！

飛んだ!!

わああぁぁぁっ!!

（びょ〜〜〜〜〜〜〜〜〜〜〜〜〜〜〜〜〜〜〜〜〜〜ん）

あ〜〜〜〜。

あぶない。

でもセーフ。

あ、帰って行く。

手を振ってるわよ。

ほんとだ。

たまに見学者がいると、うれしいんだろうね。あははは。どうだった？

……。

……。

カッコよくなかった？

なんであんなことやるの？

だからさ、やりたいからやるんだって。

う～ん。

ぼのぼのくんは？

やっぱりあぶないよね。

あぶないからやりたいんだって言ってたよ。カッコよくなかった？

う～ん、ビミョー。

ぼのぼのくんは？

あぶない。

それはわかったけど、カッコよくないの？

別にカッコよくないでしょう。このひとも別に無理してバカにならなくてもいいんじゃないかって思う。

うん。みんながバカになったらたいへんだよね。

そうか。まぁ、そうだねぇ。

バカになりたかったら、さっき教えたバカになる訓練をした方がいいわよ。

うんうん。

オッケー。じゃぁ、帰ろうか。

帰りましょう。

うん。

Q トマトがどうしても食べられません

トマトがどうしても食べられません。どうしたら、食べられるようになりますか。

23歳 女性 会社員 さら

A そうそうそう。うまいんだって思い込むの

トマトって？

さぁ、きっと食べ物でしょ。シマリスは食べたことないけど。

ボクも食べたことない。

とにかく好き嫌いよね。食べられるようになればいいのよ。

シマリスくんは食べられないものってある？

ある。トリゲゼの実なんて、ホコリ臭くて、すごく辛いんで食べられない。

ボクはカリガニ。捕まえて食べてみようと思ったら、バンって挟まれちゃって。

バンって挟まれたら食べられないわね。

うん。あとウナギもダメ。

どうして？

長いし、ヌルヌルしてるから。

ヌルヌルって困るわよね。でも、食べられなくても困らないじゃない。

うんうん。ボクもウナギ食べられなくても困らない。

このひと、トマト食べられないと困るのかしら。

食べられないと死ぬのかも。病気になったりして。

だったら食べないと。

うん、そうだよね。ボクもおとうさんにオコゼ食べてみてって言われて、食べなかったけど病気にはならなかったな。

そう簡単に病気になったりしないもの。トマトってきっと体にいい食べ物なんでしょ。でもシマリスとぼのぼのちゃんは食べたことないし、そんなものがあるのも知らなかったでしょ。

うんうん。知らないから食べられない。

そうなのよ。トマトなんて知らなかったことにすればいいのでは？

あっ、そうかぁ。知らないものは食べられないよね。

そうよ。シマリスとぼのぼのちゃんが知らないすごく体にいい食べ物なんて、他にもたくさんあると思うけど、知らないから食べられないでしょ？　でも病気になったりしてないもの。

そうだよね。食べなくてもいいよね。知らないんだから。

そうよ。これでオッケーよ。

でも、このひと「どうしたら食べられるようになりますか」って書いてる……。

あ〜〜〜〜。

食べたいのかな。

う〜ん。食べたくないけど、食べなきゃいけないんでしょ。

どうして食べなきゃいけないのかな。

食べられないと恥ずかしいのかも。

あ〜、みんな食べてるから。

そうそう。

どうやったら食べられるようになるかな。

う〜ん。

ボクさ、前はウニを食べられなかったんだよね。

今は食べてるの？

うん。今は大好き。

おぉ、それはどうやって食べられるようになったの？

あのさ、ボクさ、食べられるようになるためにすごく準備したんだよ。

ほ〜、どんな準備？

まずさ、ひと月ぐらい前から「食べるぞ」って決心をする。

へぇ〜。

そのあと、ウニの味を思い出す。温泉みたいな味だったな、とか。

ウニって温泉みたいな味なの？

うん。ちょっとしょっぱい温泉みたいな味。それから食べた時の感じね、ウニってべチャベチャなんだけど。

温泉みたいな味でベチャベチャ……。ちょっとイヤですね。

うん。だけど、それを「うまい」って思うようにするの。

思い込む？

そうそうそう。うまいんだって思い込むの。

ははぁ。力業でぃすね。

チカラワザって？

いや、いいんですが、それで？

うん。あとはず～っと頭の中で練習する。うまいものっていうと、ウニのあの味だって。

う～ん、そりはスゴイ。

そうするとさ、だんだんウニを食べてみたくなるんだよ。

なるほど、なるほど。で、1ヶ月してから食べてみたと。

うん。すぐ食べないでガマンするんだけど。

で？　どうでぃした？

うっひゃ～～～!!　うまいって思った!!

おおぉぉ!!　そりはスゲい!!

それからもうひとつ。

なんですか？

ウニの味ね。ウニの味はカッコイイって思うの。

はぁ～～～、カッコイイ？

そのウニを食べている自分もカッコイイって思うの。

なぁるほどね～。それからウニが大好きになったと。

うんうん、もう大好き。

おぉ、ではこれで決定でぃすね。トマトを食べるなら、ひと月前に決心して、トマトの味と感触を何回も頭の中で練習する。これこそ「うまいものの味」であると思い込むまでやる。そしてだんだんと食べたくなっても、まだまだ待ってガマンして、1ヶ月してからトマトを食べてみる。すると、あ～ら不思議、「う、うまい!!」。あなたはトマトが大好きになっているでぃしょう。

あと「カッコイイ」ね。

あ、そうそう。トマトの味はカッコイイし、それを食べている自分もなんてカッコイイんだと。

うんうん。それでだいじょうぶだと思うよ。

でも、もし、これでも食びられなかったら？

う～ん、すごく小さくして食べたら？

すりつぶして、なにかに混ぜたり？

うん。

そこまでして食べなきゃいけないものなんですかね。

そうだよね。やっぱり見たことも聞いたこともない食べ物ということにしたら？

そうでぃすね。

Q 二度寝してしまいます

のんすけ　18歳　女性　大学生

私はどうしても朝に弱くて、早起きをしてもベッドの中でぬくぬくとしているうちに二度寝してしまいます。

起き上がるにはどんな風に気合いを入れるべきですか？

A 起きるとエビが食べられる

ボクも朝起きられないなぁ。
シマリスも。そんなにスピッと起きられるひとなんかいますかね。
ボクのおとうさんはスゴイ掛け声かけて起きるよ。
どんな？

なんだったかな、今日は「オッヘアアァァァッ」だったかな。

それで一発で起きる？

うん、起きる。

スゴイでぃすね。

掛け声ってその日によってちがうからね、「イッテエエェェェイッ」っていうのもあったよ。

それじゃぁ隣で寝てるぼのぼのちゃんもうるさいでしょう。

ていうか、ボクを起こすためにやってるの。

あ～、そうか。それでぼのぼのちゃんは起きるの？

毎朝だし、もう慣れちゃったからまた寝てしまう。

二度寝する。

うん。

二度寝っていいわねぇ。なんであんなにホッとするのかしら。

幸せだよね。

あの幸せ感は二度寝しかないでしょう。

うんうん。で、このひと、どうする？

う～ん、シマリスたちもあんまり起きられないしねぇ。

楽しいことがある日は、すぐ起きるよね。

そうねぇ。でもそんなに楽しいことってないし……。あっ、シマリスはブルーベリーが大好きなんだけど、朝だけブルーベリーを食べるの。そしたら前よりすぐ起きるようになった。

へぇ〜、早起きにはブルーベリーがいいんだ。

ちげぇう！　そうじゃなくて！　朝だけ好きなものを食べるのよ。だからすぐ起きられるの。

あ〜あ〜、そうかぁ。ボクはエビが好きだから、朝ごはんは毎朝エビにすればいいんだね。

そうそう、起きるとエビが食べられるわけ。

このひとも朝ごはんはなにか大好きなものにするといいよね。よし！　これでいいかな。

でも、最近はもう慣れちゃったから、二度寝してから食べてる……。

えっ、じゃぁダメなんじゃない？

ダメっていうか、もうこれでいいと思う。

二度寝でいいっていうこと？

うん。起きられなくてダラダラするのも、まだダラダラできるからじゃない？

まぁ、そうだね。二度寝するのもまだ二度寝できるからだろうし。

ほんとに起きなければいけなくなったら起きてるわけでしょ。

でも遅れてしまって誰かに怒られてるかもしれない。

でも怒られたくなかったら、起きるでしょ。

それはそうだね。

まぁ、ほんとに気合い入れて一発で起きたかったら、ぼのぼのちゃんのおとうさんみたいに「オッヘアアァァァァァッ」って叫んで起きるしかないかも。

そうそう、おとうさんさ、おもしろいことを言いながら起きるといいって言ってた。

おもしろいこと？

ずうっと前に、「でかいぞっ」「でかいぞっ」「今度はでかいぞぉぉ」「どっぱああああぁぁぁぁん」って言いながらガバッと起きてゲラゲラ笑ってた。

そりゃぁ笑うぐらいだったら目が醒めるでぃしょう。

あと「生まれるっ」「生まれるっ」「生まれるぞぉぉ」「生まれたあああぁぁぁ!!」って言いながらガバッと起きてゲラゲラ笑ってた。

なんでぃすか、それは!!

それから「押すなっ」「押すなっ」「押しちゃぁだめぇぇ」「わあああぁぁぁぁ!!」って言いながらガバッと起きてゲラゲラ笑ってた。

もういいでぃっす!!

Q

結婚した方がいいでしょうか？

28歳　女性　フリーター　えりこ

周りがうるさく「結婚した方がいいよ～」って言ってくるけど、自分は特に婚活など恋愛とかに興味がありません。なのに周りから「これから一人だけでどうするの～？」なーんておもしろおかしく言われます。そんなの関係ない！　一人の方がまし！　って思ってますが、やっぱり一人もんはおかしいのでしょうか？

A

結婚は有意義です

結婚てした方がいいのかな？

別にしたくなければしないでいいのでは？

だよね。でも、みんな自分のことなのにどうして誰かに聞いてくるんだろう。

ひとりで決めるのは不安なんでしょう。

誰かに聞いた方が楽？

楽っていうか、まぁ、安心なのね。自分と同じ意見を聞くとホッとするし。

シマリスくんのおねえさんは「結婚ってタメになる」って言ってたよね。

おねいちゃんはタメになるものが大好きなのでぃす。えっ？　ぼのぼのちゃん、おねいちゃんのところに聞きに行くつもり？

おねえさんて結婚して子どもも出来たし、今はどう思ってるのか聞いてみない？

（ダイねいちゃんのところ）

あら、シマリス。めずらしいですね。例外ですね。どうしたのです？

ちょっとおねいちゃんに聞きたいことがあって。

では、ちょっと下りて行きます。降下します。ふぅ～、今ちょうどマホモがお昼寝してるところよ。それで聞きたいことってなんですか？

このひとの相談で、結婚しないでひとりでいたいらしいんだけどー。

ひとりの方がいいのなら、それでいいのでは？　よろしいのでは？

え？　別に結婚しなくてもいいっていうこと？

したくないのにしてもしょうがないでしょう。無意味でしょう。

てっきり「結婚しなさい、断行しなさい」とか言うと思ったけど。

おねえさんは、結婚してよかったと思ってるの？

もちろんです。いろいろありましたが、この世はしないよりも、した方がよいことの方が多いものですよ。多数なのですよ。

でも、して後悔することもあるでしょう。

しないで後悔するより、して後悔する方がよいのです。優位なのです。

結婚して後悔したことって、どんなこと？

そうね。自分の時間がなくなりますね。結婚前とくらべると、自分の時間は8割減ね。大減少ね。

自分の時間が2割しかなくなったらイヤなのでは？

いえ、自分の時間が2割だけになると、ほんとうにおいしいお水のように思えるものですよ。

貴重であると。

貴重です。大貴重です。今考えると、自分の時間が8割か9割だった時って、どうでもよさそうなことばかりやっていましたよ。

ヒマつぶし？

ヒマつぶしですね。大浪費ですね。

なんでいちいち「大」をつけるのでぃす!

強調しているのです。大強調しているのです。でもこの方も、悩んでいるようですが、それはきっと自分の時間がほとんどだからなのでは？　それだとどうでもいいことばかりはじめて、そのうちすぐ飽きてしまうものです。

いや、このひとも仕事してると思いますよ。だから自分の時間ばかりではねいでぃしょう。

あぁ、そう。お仕事しているのね。では尚更わかるでしょう。自分の時間がとても貴重、大貴重になるということが。

それよりも誰かと暮らすのってめんどくさくない？

それはめんどうくさいですよ。大面倒です。朝になると自分だけ起きればよかったのに、今ではマホモを起こして、ピッポさんを起こして、前は自分だけごはんを食べればよかったのに、マホモにも食べさせて、ピッポさんにも食べさせて。

あぁ、はいはいはいはいはい。

「はい」はひとつでよいのです。単独でよいのです。

他にも結婚して後悔したことはある？

もう戻れなくなりますね。

戻れないって？

結婚する前の自分にはもう戻れないということです。

そんなことはないでしょう。戻ろうと思えば戻れるのでは？

いいえ、戻れません。不帰です。

離婚すれば？

離婚などしても戻れないのですよ。不帰なのです。

シマリスくん、フキって？

ぼのぼのちゃんはちょっと黙っててくだせい！　なんで戻れないのです。マホモもピッポさんに預けてしまえば、またひとりになれるではありませんか。

いいえ、戻れません。そうやってひとりになっても、それは戻ったことにはならないのです。ぜんぜん別な「ひとり」になるのです。

あぁ、そういうことですか。確かに別なひとりになるだけですね。それがつらいと？

つらいのではなくて、元に戻れないんだということが、なんだか少しさびしいのです。喪失するのです。

ははぁ。でも、結婚だけじゃなくて、元に戻れることなんてこの世にないのでは？

そうですね。でも、なんだか結婚だけは別な気がして……。

へぇ〜。では、結婚してよかったことは？

それはやはりタメになることですね。結婚は有意義です。

どんなことがタメになるの？

そうですね。自分のやりたいことって大したことではないということがわかりましたね。

自分のやりたいこととは？

私の場合は、詩を書いたり、歌をうたったりすること。

それが出来なくなっても平気だったの？

いいえ、今でも少しだけ詩を作るし、時々、歌もうたいますよ。それで満足ということです。あと、いろんなところを旅してみたかったんですが、もう出来ませんね。

行けばいいのに。

いいえ、そうじゃなくて、若い頃に見る知らない景色と、今見る知らない景色とはもうちがうのです。

あぁ、それはなんとなくわかります。

でもいいのです。他の知らない景色を見られたので。

他の知らない景色って？

あの時、結婚しないまま生きていたら、ず〜っと同じ景色がつづいていたんだと思うのです。だけど、結婚してからは見たことのない景色をいろいろ見られましたよ。

それは楽しかったの？

もちろん楽しくて美しい景色ばかりではありませんでした。汚くて臭い景色もいろいろありました。でも、それもやっぱり見たことのない景色でしたから。

ははぁ。おねいちゃんはやっぱりタメになることが大好きなんですね。

そう。タメになることはよいことなのです。優良なのです。

わかりました。それではおねいちゃん、このひとはどうしたらよいと思いますか？

そうね。今の景色のままでいいのなら、それでよいのでは？　でも、今までとはちがう景色を見てみたいと思うのなら、結婚は一番の方法と思いますよ。

一番だけど、最善かどうかはわからないでしょう。

そうね。最悪のこともあるでしょう。でも、必ず幸せになれるから、と言われればやるのですか？

だけど、みんな言ってもらいたいのね。必ず幸せになれるからって。

そうね。そうでしょうね。あら、ぼのぼのさんが寝てしまっている。

あははは。ぼのぼのちゃん、さぁ、帰るわよ。

シマリス。

え？

あなたから見た私はどうです？　結婚してよかったように見えますか？

う〜ん、おねいちゃんは、きっと結婚してよかったんでしょう。

そうですか。よかったのですか。

よくなかったのですか?

いいえ、よかったのです。

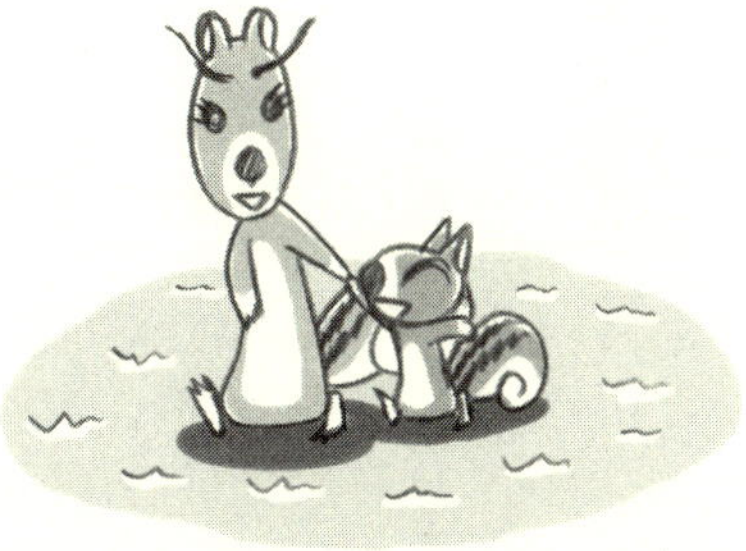

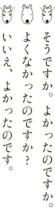

Q 生活できないほどの低所得です

24歳　女性　ピアノ講師　ちえ

せっかく夢を叶えてピアノ講師になったのに生活できないほどの低所得です。現実は厳しいのですね。職業を替えるか悩んでいます。ぼのぼのくん、シマリスちゃんどう思いますか？

A じゃぁ、やっぱりまずオカネじゃないかな

生活できないって書いてあるよ。

他のひとの手紙にも書いてあったけど、オカネとかがないんじゃないかしら。

オカネって？

それがないと生きていけないものみたいね。

そんなのがあるの？

あるみたいよ。

オカネが問題なの？

そうそう、オカネがあれば解決する。

じゃぁ、オカネをなんとかすればいいんじゃない？

そうだけど、このひとは好きなことを仕事にしたのよ。それを諦めきれないんでしょう。

でも生活できないと困るじゃない。

う〜ん、それはそうなんだけど。

生きていたくないんじゃないよね。

生きていたいんでしょ。

じゃぁ、やっぱりまずオカネじゃないかな。

なんかぼのぼのちゃんの考えって、サッパリしすぎてるっていうか……。

そおお？　オカネって食べ物みたいなものじゃないの？

ないと生きていけないって言ってるんだから、そんな感じね。

食べ物探すのといっしょなんだから、好きなことってそれからやればいいと思うよ。

それはそうですね。でもなんだかサッパリしすぎてるような……。

食べ物探すのにボク悩んだりしないけどな。めんどくさいとかは思うけど。

雨だから探しに行くのイヤだなとか。

うんうん。でもやっぱり行くよね。

シマリスも行く。

食べ物みたいなものなんだから仕方ないと思う。

うん、悩んでも仕方ないのかもしれない。

どうして食べ物がないと生きていけないんだろう、とか思わないじゃない。

それ考えるとムダな苦労がたくさん増えるわね。

うんうん。ムダな苦労ってしない方がいいと思うよ。

なんか他のひとの手紙を見てると、オカネをもっと欲しいとか、いっぱい欲しいとか書いてある。

それはムダな苦労なんじゃないの？

あははは。ほんとね、絶対ムダな苦労よ。

うん、オカネたくさんあるひとって、ムダな苦労をたくさんしたひとなのかもしれない。

う~ん、オカネがたくさんあるひとは、食べ物がたくさんあるところに住んでるひとに似てるんじゃないかしら。

あぁ、食べ物がたくさんあるところに住んでるひとって、時々うらやましくなるよね。

うんうん、あんまり探しに行かなくてもいいし。いくらでも食べられるし。

そうだよね。でもボクたち、たくさんあるところに引っ越したりしないじゃない。

あ〜、そうね。森のみんなはしないわねぇ。

なぜかなぁ。

言われてみればそう。引っ越したりしないわよね。

それは、引っ越さなくても探しに行けば食べ物が見つかるからだよね。

でも探しに行くのってめんどくさいじゃない？

でもやっぱり探しに行くんだよね。

なんでだろう。引っ越せばいいのに。

食べ物探しに行くって、めんどくさくて、たいへんだけど、時々楽しい時もあるじゃない。

いっぱいとれた時とか？

うん、おいしいものを見つけた時とか。

でも、それはたくさんあるところに住んでるひとも同じでしょ。

あ、そうか。

うん。

じゃぁ、誰も引っ越さないって、なんだかスゴイことかもしれないね。

そうねぇ、スゴイと思う。それでみんな安心して暮らしてるのかもしれない。

うん、だからお腹すいた時だけ食べ物とりに行けばいいって思うんだよね。

じゃぁ、このひとどうすればいいのかしら。

あんまり自分を苦しめないで、オカネをなんとかしてから、また好きなことやればいいんじゃないかなぁ。

うん、なんだかシマリスもそう思う。

Q

他人の幸せを素直に喜べない

やすえ　24歳　女性　会社員

私は他人の幸せを素直に喜べない自分に悩んでいます。自分にないものを持っている相手と自分を比べてしまい、喜ぶよりも先にどうしても「うらやましい」という気持ちが上回ってしまうのです。そんな自分に、人間としての器の小ささや心の貧しさを感じて自己嫌悪に陥ってしまいます。どうすれば、相手と一緒に喜べるようになれるのでしょうか？

A

このひとはいいひとでしょう

他人の幸せを素直に喜べないって。

そんなに素直に喜ぶひとばっかりじゃないでしょう。

みんなちがうよね。

みんな他人の幸せを喜べるひとばっかりだったら、もっといい世の中になっているはず。

でも自己嫌悪になってしまうって。

そう考えるだけでも、このひとはいいひとでしょう。

喜んでるふりが出来ればいいよね。

そうそう。それでいいのでは？　もう一回言うけど、みんな喜んでるふりしてるだけなんだから。

でも、この前、シマリスくん、おとうさんとおかあさんとひさしぶりに散歩したって、うれしそうに言ってたよね。あの時はボクもうれしかったけど。

それはぼのぼのちゃんもいいひとだから。この相談とかやってみてわかったんだけど、みんないいひとなのよ。いいひとばっかり悩むの。

そうか。どうしていいひとばっかり悩むのかな。

そりゃぁいいひとだからよ。「私はいいひとじゃなかった」とか「もっといいひとにならなければ」とか悩んじゃう。

あ、そうかぁ。

とにかく喜んでるふりしてあげればいいのよ。やってるうちに、喜んでるふりがだんだんうまくなって、自分でもほんとに喜んでるみたいに思っちゃう時が来るから。あはははは。

あははは。それでいいよね。

うんうん。それでいいのよ。

あと、自分にないものを持ってるひとを見ると、うらやましいって思っちゃうって書いてある。

それもふつうでしょ。

そうだよね。

そう思わないひとなんかいないもの。そうじゃないひとはヤキモチやいて、なにかいじわるしたりするでしょ。いじわるしたりしない分だけ、このひとはいいひとよ。

うんうん。いいひとなんだからそんなに苦しまなくてもいいのに。

でも、ぼのぼのちゃんも「あれ？　世の中ってそんなにいいひとばっかりじゃない」って思った時ってなかった？

あるある。小さい頃だね。いっしょになかよく遊んでた子が、ボクの持ってた貝をとって食べちゃったんだよ。謝ってくるだろうと思って、待ってたんだけど、その子、ボクの方をチラッと見ただけで、知らないふりして遊びはじめたんだね。ちょっとショックだった。

あ～、そういうのってあるわね。その時、ぼのぼのちゃん、怒らなかったの？

怒らなかった。

どうして？

ケンカするのがイヤだったからかなぁ。あとはケンカにならないように、どう言えばいいのかわからなかった。

そうよね、まだ子どもだったし。みんなそれで黙りこんじゃって、自分がガマンすればいいんだからって思うわよね。

でも、やっぱりちゃんと注意しなけりゃいけなかったんじゃないかって思うよ。

そお？　ほら、やっぱりいいひとだから悩むのよ。その子、ぼのぼのちゃんの貝を食べてしまったことなんかもう忘れてるわよ。

そうかなぁ。

そうよ。

もし、その子、ボクの貝を食べてしまったことを、今でも忘れられなかったら？

えっ！　なんかドキッとした。

だって、忘れてないかもしれないよね。

それはそうだけど、昔のことなんだから、忘れてなかったら、とっくに謝ってるでしょ。

昔のことだから、謝れないのかもしれないよ。

う〜ん。ぼのぼのちゃん、その子の家、憶えてる？
うん、知ってるけど。
じゃぁ、ちょっと行ってみましょう。
ええっ。

（イノシくんのところ）

ここ？
うん……。
なんだ、その子どもってイノシシのイノシくんのことだったの？
うん……。
イノシくんだったら、今でも時々いっしょに遊んでるじゃない。
だからちょっとイヤなんだよね。シマリスくん、帰ろうよ。
そうか……。帰りますか。
おっ、なんだ、ぼのぼのとシマリスじゃないか。オレんとこに来たのか？
あっ、いや……。
なんだよ、ちがうのか？　まぁ、いいや。なんかして遊ぶか？　ぼのぼのは？
あ、うん……。

なんだよ、相変わらずはっきりしないヤツだな。

イノシくん、ぼのぼのちゃんのことで、昔のことなにか憶えてない？

シマリスくん……。

ん？　ぼのぼのことで憶えてること？　なんだよ、それ。

小さい頃、いっしょに遊んでた時に、イノシくん、ぼのぼのちゃんの貝を食べちゃったことない？

なに？　貝？

うん、貝。

ああ、憶えてる。

えっ、憶えてたの？

うん。憶えてるよ。だけど、おまえはもう忘れちゃったんじゃないかと思って言わなかったけど。

ぼのぼのちゃんは忘れてないわよ。

えっ、そうか？　悪かったよ。ごめんな。

あ、うん。

時々、謝ろうとか思ったりしたんだけどな。悪かったな。オレさ、貝なんか食ったことなくてさ、おまえのことうらやましかったんだよ。

え？　ボクがうらやましかった？

うん。今だってうらやましいよ。貝ってすっげえうまかったもん。あんなのいつも食えるんだからおまえがうらやましくてしょうがないよ。

そうか。ぼのぼのちゃんことがうらやましかったんだ。

もういいか？

もういいかって？

じゃぁ、遊ぶか？

あ、うん。

よし、ちょっと待ってろ、おもしろい遊び考えたんだから。

なんだか拍子抜けしちゃったわね。

うん。イノシくん、貝のこと憶えてたんだね。

でも、そんなに気にしてなかったわね。

気にしてたのはボクだけなのかな。

いいひとだからよ。いいひとだから苦労するの。でも現実って拍子抜けすることの方が多いわね。たいがい自分が思ってたよりは大したことないもの。

うん。そうだね。

よ〜し、さぁ、これで遊ぶぞ。
え？　なにその棒は。
これをな、川で投げるんだよ、さぁ、行くぞ。
ぼのぼのちゃん、行こう。
うん。

Q

目のクマがとれません

小学生の頃からか目のクマがとれません。
1日4～5時間くらいは寝ているのですが大学生になった今でも治りません……。

たよ　19歳　女性　大学生

A

アライグマくんなんて、ものすごいクマをしてるよ

目の下のクマがとれないってこと？

そうでしょう。

ボク知ってるけど、これは治らないと思う。

え？　治らないの？

うん。みんなの体ってどこかちがうじゃない？　それがこのひとの場合、目の下のク

マに出たんだと思う。

えっ？　でも、このひと、1日4時間とか5時間とかしか寝ていないのよ。まだ若いのに。

寝れば治るの？

ちゃんと寝れば治るって言われてるじゃない。あとマッサージとか。

そうか。じゃぁ、それを試してみればいいよ。

それでも治らない？

だから、みんなとのちがいが目のクマに出たんだと思うよ。

それはどうしようもないっていうこと？

うん。鼻が大きいとか、目が小さいとか、背が高いとかと同じなんだから、しかたないんじゃないかなぁ。

でも「しかたない」じゃ、かわいそうでしょ。

そうか。ほんとにクマを消したいんだったら、よく寝る、マッサージする、あとはなんか塗るのもいいよね。

塗って隠すの？

うん。

塗って隠すと、なんだかバレた時に恥ずかしいんじゃない？

それは「塗って隠してる」って、最初から言っておけば恥ずかしくないと思う。

えっ、言っちゃうの？　「私、目の下にクマがあるから塗って隠してるの」って？

そうそう。言っちゃえば、バレても恥ずかしくないんじゃない？

でも、言う時に恥ずかしいでしょ。

だから、最初に恥ずかしいことをやっておけば、もう恥ずかしくないと思うよ。

今日のぼのぼのちゃんは言ってることが、よくわかんないです。

だって、アライグマくんなんて、ものすごいクマをしてるよ。

あれはクマじゃなくて模様でぃっす!!

だから、このひとのもクマじゃなくて、模様だと思えばいいんだよ。

いいんだよって、そう思えないから相談して来てるのに。

う〜ん、こういう相談のむずかしいところは、言ってもわかってくれないことだよね。

それはそうだけど、わかってもらえるように言わないと。

でも、わかってもらえるように言うと、なんだかほんとのことじゃなかったりしない？

あ〜、確かにそういうのはあるけど、別にほんとのことじゃなくてもいいんじゃないかしら。こういう相談って。

そおお？　う〜ん、そうなのか。

なんかタメになる、納得出来そうなことを言えばいいのよ。

シマリスくんは、今までの相談をそうやってたの？

う〜ん、ちがうわね。マジメにやってた。

だよね。

ほんとのこと言おうって思ってた。

ボクも。

でも、この相談は、目のクマなんだから。そんなにほんとのこととか言わなくていいんじゃない？

でもさ、これは目のクマだけど、もし、ケガをして出来たキズだったらどう言うの？

あ〜、キズねぇ。

ヤケドとか。

う〜ん、それだとちょっとちがうわね。

どう言うの？

そうねぇ。隠したければ隠せばいいし、隠したくなければ隠さなくてもいいんじゃないかしら。

でも、ほんとは？

ほんともそうだと思うわよ。隠すか隠さないか自分で決めればいいし。

ボクはさ、そのままの方がいいと思うよ。

どうして？

友だちになってくれそうなひとと、なってくれなさそうなひとが、すぐわかるから。

あぁ。最初に自分を見せちゃうわけね。それはわかるけど。

うん。それに、隠してることが少なければ少ない方が生きるのって楽でいいよね。

うんうん。それもわかるけど……。

ちがう？

でもね、それはぼのぼのちゃんがどこにもキズとかないから言えるんじゃない？　もし、キズとかあったら、ぼのぼのちゃんにはわからないことがいろいろあると思うわよ。

そうか。でもさ、ボクも隠してることがあったんだよね。

なに？

ボクね、いつも貝を持って歩いてるじゃない。でも、みんなに笑われたり、バカにされたりした時があって、それがイヤでしばらく貝を脇の下に隠して持ってたんだよ。

あぁ、あったわね。

そしたらみんなに「どうして貝を持たないんだ」「持って見せろよ」って、またからかわれて、それで持って見せたら、みんな「お～、それそれ」って、ゲラゲラ笑うんだよね。

うんうん。

それでボク、どうせ笑われるんならどっちでもよくなって、また貝を持って歩くようになったんだよ。

あぁ、今では誰もからかわないわよね。貝を持ってるのがぼのぼのちゃんになっちゃったから。

うんうん、結局、そのうち慣れちゃうから。ボクもみんなも。シマリスくんもクルミを持って歩くのをおねえさんたちに注意されたことがあったんじゃない？

そうそう。もう子どもじゃないんだからクルミを持って歩くのなんかやめなさい、って言われた。

でもやめなかったよね。

うん。

どうして？

腹が立ったから。

あははは。腹が立ったんだ。

うん。すごく腹が立った。ひとのことアレコレ言わないでって思った。でも最近はなんだかクルミを持って歩くのがめんどくさくなったんで、そのうちやめるかも。

えっ、シマリスくんがクルミを持たなくなるの？　それはみんなビックリするかもしれないね。

そお？　ビックリされるのもめんどくさいから、持ったままかもしれないけど。

そう言えば、アライグマくんもなにか持って歩いてた時があるよね。

あ〜、切り株でしょ。

なんで持つのやめたのかなぁ。

重いからやめたのよ。

あっ、そうか。みんないろいろだよね。

でしょ？　みんなそれぞれいろいろあるのよ。だから、キズとか隠さない方がいいとかはっきり言えないのよ。

う〜ん、そうだねぇ。こういう相談ってむずかしいね。

で、結局、このひとはどうすればいいの？

だから、目のクマはみんなとのちがいなんだから、気にしてもしょうがないと思う。

あははははは。まだ言ってる。ぼのぼのちゃんてスゲい。

Q 心配性です

私は心配性でいろいろなことを何回も確認したりして他の人との行動に遅れてしまい迷惑をかけてしまいます。もっと自分に自信を持ちたいです。どうすればいいでしょうか。

ほー　17歳　女性　高校生

A そりゃみんな思ってることだよ

心配性っていえばみんな心配性だよね。

みんな心配するわね。特にうまくいくかどうか不安なことの前だと。

ボクさ、この前、ちょっとした崖をピョンと飛び越えようとしたんだけど、すごく心配になって、うまく歩けなくなった。いつもは平気で飛んでたのに。

あ〜、あるある。危ないことだとあるわね。でも、このひとのは、出掛ける時になにか盗まれないかとか、火事になったりしないかとか、忘れ物はないかとかいう心配でしょう。

それもみんなあるよね。だったら、心配になって戻ったりしないで、そのまま出掛ければいいんじゃない？　それで家に帰ってみると、なんともなかったりする。それで少しずつ自信がつくんじゃないかなぁ。

う〜ん、それが出来ればいいんだけど。心配性のひとに、いいからそのまま出掛けなさいって言っても、無理かもしれない。

無理なの？

心配性のひとって心配に負けるわけね。心配に勝とうっていう気持ちを持ち続けられなくて、心配にドップリとハマっちゃうみたいな。

どうして？

そりゃぁ、心配と戦うより、心配となかよくする方が楽だからよ。

じゃぁ、どうすればいいの？

そうねぇ。心配性なのは仕方ないから、心配するだけしてみたら？　何回も同じこと繰り返して自分にウンザリしてしまったら、もうこんなことやめようって思うかもしれないし。自分で「もうこんなことやめよう」って思わないと、前に進めないと思うのね。

前に進むって？

自分で「なんとかしよう」って思いはじめるっていうか。

あぁ。でも、どうすればいいの？

あのね、シマリスが腹が立ってしょうがない時にやる方法があるのよ。

どんなこと？

すごく腹が立ってる時、「すごく怒ってる」って、自分で言うの。声に出さなくてもいいけど、心の中でそう言う感じ。

自分で言うの？

うん。そのあと、その腹を立ててる相手のことを思い浮かべたりしたら、「あ、思い浮かべてる」って言うの。ちょっとお腹が熱くなったりしたら、「お腹が熱くなってる」。ちょっと外の方を見たりしたら、「外の方見てる」。外を鳥が飛んだりしたら、「鳥が飛んでる」。まだ鼻息が荒いようだったら、「鼻息が荒い」。風が吹いてきたら、「風が吹いてきた」とか言うのよ。自分に起きることを全部言うの。

そうするとどうなるの？

いつのまにか落ち着いてくるの。

へぇ〜。スゴイねぇ。なんだかおもしろい。

うんうん。自分で自分のことを言ってやると、なんだかもうひとりの冷静な自分が出てくるのよ。

そうか。なるほどねぇ。よ〜し、今度ボクもやってみよう。

ん？　なんだよ、こんなとこでなにやってんだよ。

あっ、アライグマくん。

あ〜、またあの相談とかやってんのか？　いい加減にしろよ。

アライグマくん、このひと心配性なんだって。どうしたらいいかなぁ。

知るかよ。おまえらで考えろよ。

いろんなことが心配で何回も確認したりして、みんなから遅れてしまって迷惑かけちゃうんだって。

そりゃぁおまえのことだろ。

そういえばぼのぼのちゃんのことね。

あっ、そうか。あはははは。

あはは、じゃねえよ！

ボクって迷惑なのかなぁ。

迷惑に決まってるだろ。

そうか、ごめんね。

あと、もっと自分に自信を持ちたいって書いてある。

ボクももっと自分に自信持ちたい。

自信持ってなにすんだよ。

う〜ん、自信を持っていろんなことに取り組んでみたい。

なにが取り組んでみたいだよ！　自分以外はみんな自信満々だとか思ってないか？

そんな風には思わないけど、みんなと同じぐらいになれればいいなぁって思うよ。

そりゃみんな思ってることだよ。

そお？　アライグマくんも？　みんなと同じぐらいになれればいいって思ってるの？

例えば？

うるせえな、こいつ。

例えば？

うるせえな‼　え〜と、イライラするとすぐ誰かを殴るのをやめたい……。

あ〜あ〜、それは確かにやめないと。

うるせえな、イライラさせられると手が出ちゃうんだよ。

そうなんだ。

うん、ふつうにあんまりイライラしないようになりたい。っていうかさ、結局、平均的なイメージっていうのが一番の問題なんじゃないか？

平均的イメージ？

うん、ふつうのひとはそれが出来るとか出来ないとか。

あぁ、そうね。出来るのがふつうになっちゃう。出来ない子はダメみたいな。

うんうん。そんなのどうでもいいじゃん。なんでそんなにひとに気を遣って生きていかなきゃなんないんだよ。

そうねぇ。じゃぁこのひとは心配性を治さなくってもいい？

治せないんだったらしょうがないだろ。

それにそのうち治るかもしれないよ。

うん、そのうち治るかもぐらいでいれば？　それよりさ、心配性でドン臭いヤツでも付きあってくれるヤツを見つける方がいいよ。

あ〜、それはそうなんだけど、そんなひととどうやって見つけるの？

そりゃぁ、心配性でドン臭いままでいないと見つからないよ。

そうか。隠したらダメなんだ。

でも、それでも友だちになってくれるかしら。

あのな、心配性でドン臭いヤツだから友だちになってくれるわけじゃないんだよ。心配性でドン臭いヤツだけど、根はいいヤツだからとか、心配性でドン臭いけどなんだかかわいいとか、心配性でドン臭いけどほんとはやさしいとか、ひとはそういう風に誰かを好きになるもんだろ。

あ～、足し算引き算しても残ってるものがあれば、友だちって出来る。

出来るといいけど……。

出来るもんだよ。オレを見ろよ。さっきも言ったけど、誰かを殴ってばっかりいるけど、友だちいないわけじゃないだろ。

友だちってアナグマくんとか？

アナグマもそうだけど……。

あとは……。

ボクとシマリスくんも友だちだよね。

あっ、そうか！　そうだった！

早めに気づけよ!!

（ドッツ～ン）

アライグマくん、殴っちゃダメだよ。

Q

本当の『自分』とは

本当の『自分』を見つけて認めることってどうしてむずかしいんですか。

さな　27歳　女性　会社員

A

意地でも認めないと、ほんとうの自分がかわいそうよ

ほんとうの自分てあるのかな。

シマリスははっきり言いますが、そんなものはねいと思います。

ないの？

誰かにだまされてるんだと思います。

えっ、誰に？

そういうことを教えたがるひとに。

じゃぁほんとうの自分なんてないんだね？

ないでぃす。だってこのひとだってほんとうの自分を見つけらりなかったと思いますよ。そんなもの最初からないので見つかるわけないのでぃす。見つからないから認めるなんて出来るわけないのでぃす。

ボクもさ、ほんとうの自分ってなんなのかよくわからないよ。朝、起きると、その日によってちがうよね。

ぼのぼのちゃんが言ってるのは、ほんとうの自分ではなくて、気分では？

ほんとうの気分？

いや、気分にほんとうもウソもありますまい。自分の気分なら誰だってわかると思いますが。

でもさ、もし、ほんとは、ほんとうの自分があるとしたら、それはどういう自分かな。

う〜ん、なにを好きでなにを嫌いかとか？

海が好きで、ケンカが嫌いとか？

そうそう。木の実が大好きで、ムシは大っきらいとか。

うんうん。少し自分がわかるよね。

そうでぃすか？　だってそんなことずうっと前からわかってるでしょう。

うん、そうだけど、改めて言ってみると、なんとなくわかったような気がするよね。

色は青が好きで、走るのが苦手とか。

シマリスなら、色は緑が好きで、ひとりでいるのが好き。

うんうん、なんだかわかってきたぞ。おとうさんはいるけど、おかあさんはいないとか。

おとうさんもおかあさんもいるけど、おねいちゃんのことは、どっちも嫌いとか。

頭とオシリにキズがあるとか。

カゼをひきやすくて、右の手首が時々痛くなるとか。

ねぇ、なんだか自分のことが少しわかったような気がしない？

いいえ、しません。

あ、そう……。

そんなのただの自分の特徴なのでは？

ほんとの自分と特徴はちがう？

そりゃぁちがうでしょう。

じゃぁさ、ほんとうの自分って、なにになりたいかじゃない？

そりはほんとうの自分ではなくて、自分はなにになりたいかでしょう。

シマリスくんはなにになりたい？

特になりたいものはありません。

ボクはさ、シャチになりたかった。あとクジラとか。

ぼのぼのちゃんなら、どっちかと言えばクジラなのでは？

そうか。ボクはクジラ向きなんだね。また少し自分がわかってきたぞ。

いや、だからそういうのは、ほんとうの自分じゃなくて、特徴でしょう。

ほんとうの特徴？

なんでいちいち「ほんとう」をつけるのでぃす。いいではないでぃすか、ほんとうの自分なんて。

でもさ、このひと、迷いたくないんだと思う。

迷いたくない？

うん、生きてるとさ、どうしようかっていろいろ迷う時があるじゃない。

はぁはぁ。

そういう時に、ほんとうの自分をわかってると、迷わないんじゃない？

例えば、曲がったことが嫌いな自分がいて、それでアライグマちゃんが小さい子の食べ物をとったりした時、自分は、アライグマちゃんに注意するとか、見て見ぬふりをするとか、代わりの食べ物をその子にあげるとか、そういうこと？

うんうん。曲がったことが嫌いな自分だったら、アライグマくんに注意するよね。

するかもしれませんが、それはほんとうの自分とは関係ないのでは？

じゃぁ、なにと関係があるの？

それこそ、その時の気分じゃないでしょうか。その時の気分としては、アライグマちゃんに注意するんじゃなくて、代わりの食べ物をその小さい子にあげる、とかするかもしれないし。

それでいいの？　曲がったことが嫌いなんじゃないの？

曲がったことが嫌いな自分が、アライグマちゃんに注意しないで、代わりの食べ物をその子にあげたりすると、自己嫌悪に陥ってしまう？

そうそう、ジコケンオーに。

自己嫌悪です。事故圏王みたいに言うのはやみてくだせい。曲がったことが嫌いなために、曲がったことは出来ないとしたら、それってエライのでしょうか。

エラくない？

シマリスはエライとは思いませんが。

じゃぁ、シマリスくんはどういうのがエライと思うの？

別にエラくなくてもいいのでぃす。その時一番いいと思った方法をとれれば。

それが正しくなくてもいいの？

そりゃぁ、曲がったことが嫌いなひとだったら、正しくないとイヤかもしれませんが、ひとはそんなに正しいことばっかりやれないでしょう。

そうか。みんな自分にとって正しいことばっかりやれないんだ。

そうでしょう。正しいことをやれなかったと後悔したり、思い出すと一生忘れられないことだってあるのでは？

うんうん。そうだね。いっぱいあるよね。すごくいいことをしたと思ったのに、あとになってみると後悔したりすることもあったし。

うん。シマリスももっとやさしくしなければいけない時に、全然やさしく出来なかったこととかあります。でも、みんなそうじゃない？

うん。ボクも言わなければいけないことを言えなかった時ってたくさんある。

ほんとは好きなのに、好きだって言えなかったひともいるし。

ず〜っと行きたいところがあるのに、勇気がなくて今もやっぱり行ってないとか。

そうねぇ。なりたいものがあったのに、なれなかったとか。

えっ、シマリスくん、さっきなりたいものとかないって言ったんじゃなかった？

ほんとはありました。

ほんとはなにになりたかったの？

っていうか、ほんとはすごく楽しい家族になりたかった。

今のおとうさんとかおねえさんは楽しくないの？

なんかシマリスがうまくやれなかったんだと思う。シマリスさえうまくやれば、もっと楽しくて幸せな家族になったんじゃないかって思う。

そんなことないんじゃないかなぁ。だってシマリスくんは一生懸命おとうさんとおかあさんの面倒も見ているし。

あっ。

どうしたの？

これなのね。ほんとうの自分て。

えっ？

今まで生きてきたこと、それがほんとうの自分なんじゃないかしら。

あぁ、そうかぁ。今までのボクがほんとうの自分なんだね。

そうなのよ。だからきっとそれを認めるのがむずかしいのね。

うまくいかなかったし。

後悔もしたし。

カッコ悪かったし。

あははは。

そうだねぇ。認めるのってむずかしいねぇ。

だけど認めるしかないじゃない？

うん。だってほんとうの自分なんだもの。

そうよね。意地でも認めないと、ほんとうの自分がかわいそうよ。

うんうん。ボクとシマリスくんだけは、ほんとうの自分を認めようよ。

そうね。認めましょう。

認めるぞ!!

認めましょう!!

よし、じゃぁ遊びに行こうか。

うん。

あとがき

世の中、人生相談とか生き方指南とか自己啓発本だらけです。なぜそんな本だらけになるのかというと売れているからでしょう。なぜ売れているかというとみんなが悩みを抱えているからということになります。みんなそんなに悩みばっかりあるんなら、私も答えてみようと思って作ったのがこの本です。もしかすると売れるかもしれないし。

と、それは第二の動機で、第一の動機は37巻目の単行本の帯に、たかぎなおこさんが書いてくれた「いつか大人になったぼのぼのとしみじみ呑んでみたいです」という推薦文がそうです。うん、みんなぼのぼのたちと話してみたいのかもしれないな、と思ったんですが、実は私も、作者のくせにそんな願望を持ったことがある。「ぼのぼの」のキャラクターたちに、いくつか聞いてみたいことがあった。そして答えて欲しかった。

しかし、これは、「漫画家は絶対に自分の漫画の読者にはなれない」という漫画家の第二法則と同じで、どうやっても無理なことでしょう。ちなみに漫画家の第一法則はなにかというと、「売れた漫画家は必ず売れなくなる」というものです。

それで、ひとまずみなさんの悩みを募ってもらった。マジメなものもあったし、ふざけてるものもあったし、ほんとかどうかあやしいもの、完全にウケ狙いのものもありました。それに、予想はしていたけど、みんな同じようなことを悩んでます。

ひと言で言うと、みんな自分に自信を持てないでいるという感じでした。では自分に自信を持って生きている人は悩まないかというと、そんなことはないです。悩むけど、そのうちなんとかなる、大概のことはそのうちなんとかなると思っている人は、自分に自信を持っているように見えるのかもしれない。ほんとですよ。大概のことはそのうちなんとかなります。

おカネがなくて、一家離散した人が1年ぐらいして、駅前に新しく出来たラーメン屋にフラッと入ってみたら、これが結構うまくてびっくりした。よし、また来てみようとか思う。それって、なんとかなったことにならないでしょうか。

家族を癌で亡くして、2年ぐらいしてから、同窓会の通知が来て、なんとなく出席してみたら、同じような境遇の同級生がいて、お互い涙ぐみながらいつまでも語り合ったりする。

こういうのはなんとかなったことになるんじゃないかな、と思います。

一家離散したままだろ、とか、家族を亡くしたままだろ、とか思うかもしれませんが、そういうことは元に戻せない。元に戻せないのは、昨日食った晩ご飯も、スーパーで買いすぎてしまった卵も同じです。この世界は元に戻せないことばかりです。

私は、人生は細部にしかないと思います。「おカネがなくて一家離散した人生」にではなくて、うまかったラーメンの中に。「家族を癌でなくしてしまった人生」にではなくて、同窓会に出てみたら楽しかったという細部にしか人生はない。

そんなの屁理屈だろ、と言われれば、まったく屁理屈です。人生相談なんて、みんな屁理屈を言っている。少し変わった屁理屈であれば、それでいい。みなさんも少し変わった屁理屈を聞きたいだけなんでしょうが、人生相談だの生き方指南での自己啓発本なんか買ってもわかった気になるだけです。それで消える不安だったら、その程度の不安感は抱えたままの方が強くなれますよ。それより、ラーメン食ったり、友だちと会う方がよっぽどいいと思います。

私は、もう本があんまり売れなくなった還暦間近の漫画家ですが、今日は家に帰ると、録画しておいたサッカーのチャンピオンズ・リーグがあります。それで今日一日は生きて行ける感じになっている。まったく人生って細部にしかないんですよ。

最後に、私がぼのぼのたちに聞いてみたかったことを聞いてみることにします。

Q

連載から30年みんな続けたいですか？

いがらしみきお
仙台　59歳　漫画家

私は「ぼのぼの」を描いている漫画家です。「ぼのぼの」は連載からもうすぐ30年になります。自分でもよく描いたもんだなと思いますが、みんなはどうですか？　もっと続けたいですか？　それとももうやめたいですか？

A

このオッサンが自分で描いたって言ってるだけだろ

「ぼのぼの」を描いた人って？
シマリスたちって絵なの？
このオッサンが自分で描いたって言ってるだけだろ。
まだつづけたいかって、どういうことかな。

この人が描くのをやめたらシマリスたちはどうなるのかしら。

ボクたち死んじゃう？

死んだらどうなるの？

消えちゃうのかな。

どこかに行っちゃう？

そんなのほんとに死んだりするのと同じだろ。誰も死んだあとのことなんかわかんないんだよ。

あ、そうか。アライグマくんて頭がいいね。

当たり前だろ。

そうか。じゃぁ心配してもしょうがないのかも。

で？　やめていいの？　続けてもらいたいの？

ボクはつづけてもらいたい。

シマリスも。

もうすぐ30年になるとか言ってるだろ。どうせこいつ30年までは続けるよ。

あ、そうか。アライグマくんてやっぱり頭がいいね。

当たり前だっての。

あはははは。

なにがおかしい‼　（ずげん）

解説

ぼのぼの人生相談の幸福感

松井雪子

『ぼのぼの』が誕生したのは１９８６年。単行本は現在まで39巻出ています。

1巻目の表紙をめくると、ぼのぼのが住む世界の全景が、見開きで紹介されています。ぼのぼの親子が住む小さな岩場と、友だちが住む小さな森。海ははるかかなたまで広がっているけれど、そこにはシャチやトドなどの天敵がいて、ぼのぼのの行動範囲が、じつはとても狭かったことに驚かされます。

彼が、大きな世界に住んでいたような気がするのは、なぜでしょう。

たとえば、ある日のこと。ぼのぼのとシマリスくんとアライグマくんが、『みんなどうしてつまらない話でもするのか』について考えたとき、ぼのぼのは、その答えを発見します。

『誰かとお話しするのは、景色を見ながら歩いて行くのに似てるんだ』

なるほど、と思いました。相手の言葉に耳をかたむけることは、自分以外に目を向けること。景色を見ながら歩いて行くことに、似ています。

ぼのぼのは、わたしたちが意識していなかったこと、あるいは、うまく言語化できないようなもやもやした感情を、さらりと、優しい口調で教えてくれるのです。そんな言葉に出会うたびに、現実の世界に、すうっと風穴があいたような心地よさを覚えます。

ぼのぼの思想は、想像がおよばないほど深い。だから、ぼのぼのが住んでいる世界がとても広く感じるのかもしれません。

＊

ぼのぼのとシマリスくんが、漫画の世界からわたしたちが住む世界にやってきて、人生相談に答えてくれる。なんというすごいことでしょう。ぼのぼのたちと直接、言葉をかわすことができるだなんて、長い年月をかけてやっと許されたごほうびのような気がします。

人生の岐路に立っている大人からの質問は、どれも切実です。

結婚した方がいいのか。将来の夢はどうしたら見つけられるのか。どうやったら前向きに考えられるのか。

ぼのぼのたちは、『誰かとお話しするのは、景色を見ながら歩いて行くのに似てるんだ』とばかりに、相談者の言葉に、じっと耳をかたむけるのです。

恋の相談にだって、ぼのぼのは、真剣に向き合ってくれます。

『自分だけが好きなんだったら恋は自由だと思うよ』

まだ子どもなのに、恋に苦しむ大人の肩の力が抜けるようなことを、堂々と言ってのけるのです。

さらに、お金がもっと欲しいとか、いっぱい欲しいとか、という人たちに対して、『ムダな苦労』とも言います。

シマリスくんが指摘するように、ぼのぼのの回答は、おおかた『サッパリ』しています。でもまるで神の啓示のように、真理をついていることが多いのです。

一方、苦悩が深いシマリスくんは、『がんばってと言われると傷つくひともいる』と弱者の立場に寄り添ったり、『介護を経験したらもうこの世に怖いものなどねいのでぃす』と断言したり、『いぢめる?』と首をかしげていた連載開始当時の面影は、もうありません。シマリスくんなりに、人生を重ねたたくましさがうかがい知れます。

そんなぼのぼのとシマリスくんですが、相談に向き合う姿勢は、同じです。

ぼのぼのたちは、人生相談の回答者になっても、漫画の世界そのままで、少しもえらぶることはありません。相談を受けながら、ただただ自分たちの思想を巡らせていく。

彼らのように欲を出さずに生きていれば、悲しみに折り合いがつく瞬間が、きっと訪れるような気がしてきます。

*

人生が二度あったら、違う生き方をしてみたいという悩みに対して、ぼのぼのは、『でもさ、ボクさ、生まれ変われるんだったら、もう一回同じひとたちが出てくる人生がいい』と言います。その言葉に、シマリスくんが『ぼのぼのちゃん、ほんとに幸せだったのねえ』と感心します。

するとぼのぼのは言います。

『うん。ボク幸せだったんだと思う』

きっとぼのぼのはそう言いながら、自分が幸せであることを、あらためて認識したのだと思います。ぼのぼののときめきが、言葉を通じて、あたたかく伝わってくるからです。そもそも人生相談とは、悲しかったり苦しかったり、なまなましいものです。でも、ぼののたちが答えると、幸福感に満ちた言葉が、たくさん生まれてきます。

そのおかげで、『ぼのぼの人生相談』は、いままでにない、とてつもなく幸福感にあふれた人生相談の本となったのです。

最後の人生相談は、自分探しです。人生相談の定番、「本当の自分とは」。それを求めて人は旅に出たり、つけこまれたりする、なかなかやっかいなものです。

この問題に、こんなにも明快な答えを出したのは、ぼのぼのたちが初めてではないでしょうか。

今まで生きてきたこと、それが本当の自分である、と。まだ見ぬ自分など、いないと示唆するのです。

『意地でも認めないと、ほんとうの自分がかわいそうよ』と、シマリスくんは言います。ぼのぼのたちが生きてきたことは、単行本39巻にわたり、描かれています。つまりそれが「ほんとうのぼのぼのたち」の姿です。

読み終わるころには、ぼのぼのたちと景色を見ながら、まるで地球を何周も旅したかのような満ち足りた気がします。

『ぼのぼの人生相談』には、ほんとうのぼのぼのたちが息づいてます。そして、苦しいことばかりだと思っているわたしたちに、そんな人生もまんざらでもないことを教えてくれるのです。

松井雪子（まついゆきこ）　作家・漫画家
東京都武蔵野市生まれ、大学在学中に『ASUKA』で漫画家になる。漫画作品に『おんなのこポコポン』、『絶望ハンバーグ工場』など。2001年に『群像』で小説家になる。4度、芥川賞候補になる。小説作品に『刺繍天国』、『まよいもん』など。エッセイ漫画に、飼い犬との暮らしを描いた『しあわせぷーどるず』。山での暮らしを描いた『ぐうたら山暮らし』。近所の森を歩きながら、ぼのぼのとシマリスくんを見つける日々をおくっている。

いがらしみきお　Mikio Igarashi

1955年1月13日、宮城県生まれ。5歳の頃より漫画家になろうと決意、24歳でデビュー。『ネ暗トピア』などで圧倒的支持を得る。84年より2年間の休筆後、復帰作『ぼのぼの』は大ヒットとなり88年に講談社漫画賞受賞。以後、映画化、TVアニメ化される。98年『忍ペンまん丸』で小学館漫画賞受賞。2005年、構想20年の著者初のホラー劇画『Sink』全②巻を世に問う。その後、『フンティーとレポンちゃん』『ガンジヨリ』『かむろば村へ』全④巻『ひとねこペネ』などを発表。平成21年度宮城県芸術選奨を受賞。神の姿を描いた問題作『I（アイ）』全③巻『羊の木』原作山上たつひこ+作画いがらしみきお全⑤巻を発表する。『かむろば村へ』は、松尾スズキ監督で2015年春映画『ジヌよさらば～かむろば村へ～』として公開予定。5歳の決意は、まさしく正しかった。

ぼのぼの人生相談
「みんな同じなのでぃす」

二〇一五年二月五日初版第一刷発行　検印廃止

著者　いがらしみきお

発行者　後藤明信
発行所　株式会社竹書房
〒一〇二-〇〇七二
東京都千代田区飯田橋二-七-三
電話　〇三-三二六四-一五七六（代表）
電話　〇三-三二三四-六二八三（編集）
振替　〇〇一七〇-二-一七九二一〇
印刷所　凸版印刷株式会社

落丁・乱丁の場合は当社にてお取りかえいたします。
定価はカバーに表示してあります。
Printed in Japan 2015
ISBN978-4-8019-0155-1　C0076
竹書房ホームページアドレス
http://www.takeshobo.co.jp